Bien dit! 2

Cahier de vocabulaire et grammaire

HOLT McDOUGAL

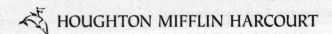

HOUGHTON MIFFLIN HARCOURT

Contributing writer
Samuel J. Trees

Reviewer
Christine Schiller

Table of Contents

Chapitre 1

Vocabulaire 1 1
Grammaire 1 4
Application 1 6
Vocabulaire 2 7
Grammaire 2 10
Application 2 12

Chapitre 2

Vocabulaire 1 13
Grammaire 1 16
Application 1 18
Vocabulaire 2 19
Grammaire 2 22
Application 2 24

Chapitre 3

Vocabulaire 1 25
Grammaire 1 28
Application 1 30
Vocabulaire 2 31
Grammaire 2 34
Application 2 36

Chapitre 4

Vocabulaire 1 37
Grammaire 1 40
Application 1 42
Vocabulaire 2 43
Grammaire 2 46
Application 2 48

Chapitre 5

Vocabulaire 1 49
Grammaire 1 52
Application 1 54
Vocabulaire 2 55
Grammaire 2 58
Application 2 60

Chapitre 6

Vocabulaire 1 61
Grammaire 1 64
Application 1 66
Vocabulaire 2 67
Grammaire 2 70
Application 2 72

Chapitre 7

Vocabulaire 1 73
Grammaire 1 76
Application 1 78
Vocabulaire 2 79
Grammaire 2 82
Application 2 84

Chapitre 8

Vocabulaire 1 85
Grammaire 1 88
Application 1 90
Vocabulaire 2 91
Grammaire 2 94
Application 2 96

Chapitre 9

Vocabulaire 1 97
Grammaire 1 100
Application 1 102
Vocabulaire 2 103
Grammaire 2 106
Application 2 108

Chapitre 10

Vocabulaire 1 109
Grammaire 1 112
Application 1 114
Vocabulaire 2 115
Grammaire 2 118
Application 2 120

Ma famille et mes copains

1 Mireille te montre des photos de sa famille. Choisis la photo qui correspond à chaque description.

a.   b.   c.   d.

_____ 1. Ma grand-mère est gentille et très sportive.

_____ 2. Voici mon chien Papoum; il est très intelligent.

_____ 3. Mon frère Kevin est blond et assez sérieux.

_____ 4. Ce sont mes cousins; ils sont marrants!

2 Pour chaque phrase, écris le nom de la personne qu'on décrit.

MODÈLE C'est le père de mon père.   **mon grand-père**

1. C'est le frère de ma mère. _____

2. C'est la mère de mon père. _____

3. C'est le fils de mes parents. _____

4. C'est la fille de ma tante. _____

5. C'est le fils de mon oncle. _____

3 Complète chaque phrase avec un adjectif qui est l'opposé de l'adjectif souligné.

MODÈLE Marianne est <u>petite</u> mais Luc est **grand.**

1. Mon chien Momo est <u>gros</u> mais mon chat est _____.

2. Valentin a les cheveux <u>courts</u> mais Julie a les cheveux _____.

3. Mon prof de français est <u>marrant</u> mais mon père est _____.

4. Mon père est <u>blond</u> mais ma mère est _____.

5. Ma cousine est <u>jeune</u> mais mon grand-père est _____.

4 Ton camarade de classe te pose des questions. Pour chaque question, choisis la bonne réponse.

_____ 1. Comment tu t'appelles?

_____ 2. Tu as quel âge?

_____ 3. De quelle couleur sont les cheveux de Marion?

_____ 4. Il est comment, ton ami Hugo?

_____ 5. De quelle couleur sont les yeux de Romain?

> a. Il est petit et mince.
> b. J'ai quinze ans.
> c. Ils sont verts.
> d. Je m'appelle Guy.
> e. Ils sont noirs.

5 Réponds à chaque question avec une phrase complète.

MODÈLE Il est comment, George Clooney? **George Clooney est beau.**

1. Il est comment, Shaquille O'Neal? _____

2. Elle est comment, Jennifer Aniston? _____

3. Ton grand-père a quel âge? _____

4. De quelle couleur sont les yeux de ta mère? _____

6 Tes amis parlent de ce qu'ils aiment. Réponds-leur en parlant de ce que tu aimes.

MODÈLE Annick: J'adore le sport. **Moi, je n'aime pas le sport. / Moi aussi.**

1. Marina: J'aime bien aller au cinéma.

_____

2. Jordan: Je n'aime pas beaucoup l'EPS.

_____

3. Aurélie: J'adore aller au café avec mes amis.

_____

4. Maxence: J'aime bien manger de la salade et de la pizza.

_____

5. Céline: J'aime les profs intelligents et sérieux.

_____

VOCABULAIRE 1   CHAPITRE **1**

7 Tu viens de recevoir une lettre de ton nouveau correspondant. Lis sa lettre, puis réponds aux questions qui suivent avec une phrase complète.

Salut,

   Je m'appelle Antoine et j'ai 15 ans. Je suis grand et mince. J'ai les yeux bleus et je suis brun. Mes amis disent que je suis intelligent et un peu trop sérieux.

   J'habite avec ma mère, mon beau-père, ma grande sœur, Élise, et mon petit frère, Claude. Mon frère est assez gentil, mais ma sœur est pénible!

   Comme passe-temps, j'aime bien jouer au tennis et au basket. Je suis très sportif! J'aime la pizza et j'adore les fruits mais je déteste les légumes.

   À bientôt!
   Antoine

---

1. Comment s'appelle ton correspondant? Quel âge a-t-il?

   _____

2. De quelle couleur sont ses cheveux? Et ses yeux?

   _____

3. Selon *(according to)* ses amis, comment est-il?

   _____

4. Comment est sa sœur?

   _____

5. Quels sont ses passe-temps?

   _____

8 Réponds à la lettre d'Antoine. Décris-toi et dis-lui ce que tu aimes et ce que tu n'aimes pas.

   _____

   _____

   _____

   _____

   _____

   _____

Ma famille et mes copains

The verbs *avoir* and *être*

• The verbs **avoir** *(to have)* and **être** *(to be)* are conjugated as follows:

	avoir	être
je (j')	ai	suis
tu	as	es
il/elle/on	a	est
nous	avons	sommes
vous	avez	êtes
ils/elles	ont	sont

• To make a sentence negative, place **ne (n')… pas** around the verb.

---

9 Choisis la phrase qui correspond à chaque sujet.

_____ 1. Je (J') _____ .

_____ 2. Nous _____ .

_____ 3. Tu _____ .

_____ 4. Ils _____ .

_____ 5. Vous _____ .

_____ 6. Elle _____ .

a. suis très sportif
b. es trop sérieux
c. a les yeux noirs
d. êtes marrants
e. avons un gros chien
f. n'ont pas de chat

10 Voici la dernière lettre de ton correspondant. Il décrit ses amis, Charles et Mélanie. Complète sa lettre avec les formes appropriées des verbes **avoir** et **être**.

Salut!

Je (J') (1) _____ deux copains qui s'appellent Charles et Mélanie. Charles et moi, nous (2) _____ grands, mais Mélanie (3) _____ petite. Charles (4) _____ les yeux bleus. Mélanie et moi, nous (5) _____ les yeux verts. Mélanie et Charles (6) _____ roux, mais moi, je (7) _____ blond. Et toi, tu (8) _____ comment?

Alexandre

Cahier de vocabulaire et grammaire

GRAMMAIRE 1   CHAPITRE **1**

Adjective agreement

- Adjectives agree in gender and number with the nouns they describe. They generally follow the noun.
- You form most feminine forms of adjectives by adding –e to the masculine form. To make most adjectives plural, you simply add an –s. If an adjective ends in an unaccented **e**, you do not add another **e** in the feminine form.
- For the feminine form of adjectives ending in –**eux,** you change the –**eux** to –**euse.** Adjectives ending in –**eux** do not change in the plural.

	masculine	feminine
singular	*sérieux*	*sérieuse*
plural	*sérieux*	*sérieuses*

- Other patterns of agreement are: **sportif/sportive, intellectuel/intellectuelle,** and **long/longue.** These adjectives follow the regular pattern for plurals.
- The adjective **marron** is invariable.

---

11 Claire ressemble beaucoup à ses amis. Complète les phrases avec les formes correctes de l'adjectif entre parenthèses.

1. Nathan et Léo sont _____ et Claire est _____ aussi. (petit)

2. Léo est _____ et Claire est _____ aussi. (sportif)

3. Mia et Sarah sont _____ et Claire est _____ aussi. (intelligent)

4. Carl est _____ et Claire est _____ aussi. (sérieux)

5. Roger est _____ et Claire est _____ aussi. (mince)

6. Luc et Marie sont _____ et Claire est _____ aussi. (marrant)

12 Décris les images suivantes. Utilise deux adjectifs pour chaque image.

1.   2.   3.

1. _____

2. _____

3. _____

The adjectives *beau, nouveau,* and *vieux*
- The adjectives **beau** *(beautiful),* **nouveau** *(new),* and **vieux** *(old)* are all placed before the noun they describe.
- The feminine forms of these adjectives are **belle, nouvelle,** and **vieille.** To form the feminine plural, simply add an –**s.**
- When describing a masculine noun that begins with a vowel sound, these adjectives change to **bel, nouvel,** and **vieil.**
- For all masculine plural nouns, use **beaux, nouveaux,** and **vieux.**

---

13 Complète chaque phrase avec la forme correcte de l'adjectif entre parenthèses.

1. Ma mère dit que mon père est un _____ (beau) homme.

2. Chez moi, nous avons deux _____ (vieux) chats.

3. Rome est une _____ (vieux) ville; c'est une _____ (beau) ville aussi.

4. Pour mon anniversaire, j'ai eu un _____ (nouveau) chien.

5. Ma _____ (vieux) grand-mère a quatre-vingt-dix ans aujourd'hui.

6. Voici mon _____ (nouveau) ami Loïc.

14 Fais des phrases complètes. Fais tous les changements nécessaires.

1. ma mère / être / beau / gentil / et

_____

2. mon amie / nouveau / s'appeler / Marina

_____

3. je / avoir / un chien / nouveau

_____

4. Séverine / avoir / un ordinateur / nouveau

_____

5. mon / frère / grand / aimer / les films / vieux

_____

6. Céleste / aimer / les garçons / beau

_____

Ma famille et mes copains

15 Aurélie aime faire les activités suivantes. Pour chaque activité, choisis ce dont elle a besoin pour faire cette activité.

_____ 1. faire de la musique

_____ 2. jouer au tennis

_____ 3. faire de la vidéo amateur

_____ 4. faire de la photo

_____ 5. jouer au football

> a. une raquette
> b. un caméscope
> c. un ballon
> d. un appareil photo
> e. une guitare

16 Jérémy parle de ce que ses amis aiment faire après l'école. Regarde les illustrations et complète les phrases suivantes.

1.　　　　　　　2.　　　　　　　3.　　　　　　　4.　　　　　　　5.

1. Julie et Marc _____

2. Juliette _____

3. Nicolas et Camille _____

4. Julien et Justine _____

5. Ophélie et Théo _____

17 Lis chaque phrase et indique si la phrase est logique (L) ou illogique (I).

MODÈLE ___I___ Patrick n'a pas de raquette. Il ne peut pas aller au cinéma.

_____ 1. Marion a un nouveau caméscope. Elle aime bien jouer au tennis.

_____ 2. Quentin fait du théâtre. Il est très sportif!

_____ 3. Jules vient d'acheter une guitare. Il aime beaucoup la musique.

_____ 4. Jouer au basket-ball? Non, je n'ai pas d'appareil photo.

_____ 5. Félice veut aller au café. Elle voudrait un coca et un croque-monsieur.

18 Tes amis et toi êtes au café et vous parlez de vos projets. Choisis la bonne réponse pour chaque question.

_____ 1. Il est bon, ton chocolat chaud?
        a. Pourquoi pas?
        b. Non, je n'ai pas le temps.
        c. Excellent!

_____ 2. Est-ce que tu joues bien au tennis?
        a. Il est génial!
        b. Assez bien.
        c. Pourquoi pas?

_____ 3. Tu veux faire de la photo demain après l'école?
        a. Assez bien.
        b. Il est génial!
        c. Désolé, je n'ai pas le temps.

_____ 4. Qu'est-ce que tu penses de ma nouvelle raquette?
        a. Pourquoi pas?
        b. Elle est géniale!
        c. Non, je n'ai pas le temps.

_____ 5. Tu as envie d'aller au cinéma ce soir?
        a. Pourquoi pas?
        b. Assez bien.
        c. Excellent!

19 Yannick te dit quand il fait certaines activités. Complète ses phrases logiquement.

le samedi	... fois par semaine	tous les vendredis
souvent	rarement	au printemps/en été

1. Je vais _____ au cinéma. Je n'ai pas beaucoup d'argent.

2. Je joue du piano quatre _____

3. Je vais _____ au café avec mes amis. C'est génial!

4. Je fais du théâtre _____. Je n'ai pas cours.

5. Je ne joue pas au golf _____. Il fait trop chaud!

6. Je fais de la photo _____ après l'école.

VOCABULAIRE 2   CHAPITRE **1**

20 Regarde le calendrier de Martine, puis choisis la bonne réponse aux questions qui
suivent.

avril						
lundi	**mardi**	**mercredi**	**jeudi**	**vendredi**	**samedi**	**dimanche**
1 jouer au tennis	**2** aller au café	**3** jouer du piano	**4**	**5** jouer du piano	**6** aller au café	**7**
8 jouer au tennis	**9**	**10** jouer du piano	**11** aller au café	**12** jouer du piano	**13**	**14**
15 jouer au tennis	**16**	**17** jouer du piano	**18**	**19** jouer du piano	**20** faire du théâtre	**21**
22 jouer au tennis	**23**	**24** jouer du piano	**25** aller au café	**26** jouer du piano	**27**	**28** aller au café
29 jouer au tennis	**30**	**31** jouer du piano				

_____ 1. Martine joue au tennis _____.
   a. le lundi   b. de temps en temps   c. rarement

_____ 2. Martine va _____ au café.
   a. en été   b. une fois par semaine   c. souvent

_____ 3. Martine joue du piano _____.
   a. en hiver   b. deux fois par semaine   c. rarement

_____ 4. Martine fait _____ du théâtre.
   a. rarement   b. souvent   c. le dimanche

21 Quand fais-tu les activités suivantes? Écris une phrase complète.

   MODÈLE faire de la vidéo amateur **Je fais souvent de la vidéo amateur.**

   1. jouer au base-ball _____

   2. prendre un coca _____

   3. faire du ski nautique _____

   4. aller au cinéma _____

Ma famille et mes copains

-er verbs

• Most verbs ending in **–er** (like the verb **parler**) follow a regular pattern:

je **parle**	nous **parlons**
tu **parles**	vous **parlez**
il/elle/on **parle**	ils/elles **parlent**

• Verbs like **acheter** and **préférer** have spelling changes in all but the **nous** and **vous** forms:

j' **achète**	je **préfère**
tu **achètes**	tu **préfères**
il/elle/on **achète**	il/elle/on **préfère**
nous **achetons**	nous **préférons**
vous **achetez**	vous **préférez**
ils/elles **achètent**	ils/elles **préfèrent**

• Verbs ending in **–cer** (like **commencer**) and **–ger** (like **manger**) have spelling changes in the **nous** form only:

nous **commençons**	nous **mangeons**

---

22 Tu veux savoir ce que tes amis aiment prendre au café. Complète les phrases suivantes.

_____ 1. Mathieu _____.

_____ 2. J' _____.

_____ 3. Mon ami et moi, nous _____.

_____ 4. Tu _____.

_____ 5. Anne et Irène _____.

> a. aimons le jus de fruit
> b. aime le coca
> c. aiment la limonade
> d. aimes les tartes
> e. aime le chocolat chaud

23 Complète la conversation avec la forme appropriée du verbe entre parenthèses.

Anthony Dis, Marc, qu'est-ce que tu _____ (aimer) faire?

Marc Alors, je n' _____ (aimer) pas beaucoup le sport, mais

j' _____ (adorer) faire de la photo. Mes amis et moi, nous

_____ (préférer) aller au café. Nous _____

(manger) toujours la même chose… un sandwich au jambon.

GRAMMAIRE 2   CHAPITRE **1**

-*ir* verbs

• Regular –**ir** and –**re** verbs (like **finir** and **vendre**) are conjugated as follows:

je **fin*is***	nous **fin*issons***
tu **fin*is***	vous **fin*issez***
il/elle/on **fin*it***	ils/elles **fin*issent***

je **vend*s***	nous **vend*ons***
tu **vend*s***	vous **vend*ez***
il/elle/on **vend**	ils/elles **vend*ent***

---

24 Complète chaque phrase avec la forme correcte du verbe entre parenthèses.

1. Mes petits frères _____ l'école à 5 heures. (finir)

2. Amadou _____ son vieux caméscope. (vendre)

3. Nous _____ notre classe de français à 9h30. (finir)

4. Pourquoi tu ne _____ pas à ma lettre? (répondre)

5. Je _____ toujours mes affaires *(things)*. (perdre)

6. Camille et Julie, qui est-ce que vous _____? (attendre)

25 Fais des phrases complètes. Fais tous les changements nécessaires.

1. je / maigrir / parce que / je / faire / du jogging

   _____

2. tu / choisir / toujours / de regarder / les comédies

   _____

3. nous / perdre / notre / argent / parce que / nous / avoir / ne pas / portefeuille

   _____

4. ils / vendre / raquettes de tennis / leurs

   _____

5. Marcus / attendre / mère / sa

   _____

> **Verbs like *dormir***
> • You conjugate the verbs **dormir** *(to sleep)*, **partir** *(to leave)*, and **sortir** *(to go out)* in a similar pattern:
>
> **dormir:** je **dors**, tu **dors**, il/elle/on **dort**, nous **dormons**, vous **dormez**, ils/elles **dorment**
>
> **partir:** je **pars**, tu **pars**, il/elle/on **part**, nous **partons**, vous **partez**, ils/elles **partent**
>
> **sortir:** je **sors**, tu **sors**, il/elle/on **sort**, nous **sortons**, vous **sortez**, ils/elles **sortent**

26 Complète chaque phrase avec la forme appropriée de **dormir, partir,** ou **sortir.** Attention au contexte.

1. Audrey _____ pour le théâtre après l'école.

2. Nous _____ samedi soir. On va au restaurant.

3. Romain et Tristan grossissent parce qu'ils mangent trop et qu'ils _____!

4. Je _____ avec Nora demain. Nous _____ pour le café à 8h.

5. Ève et Than, vous _____ encore? Vous êtes en retard!

6. Mathilde, quand est-ce que tu _____ en vacances cet été?

27 Océane cherche un correspondant. Complète son annonce avec la forme appropriée du verbe entre parenthèses.

> J' _____ (avoir) 15 ans. Je (J') _____ (être) très sportive et je _____ (jouer) souvent au tennis. Mes amis et moi, nous _____ (sortir) ensemble le vendredi soir. Je _____ (jouer) du piano et je _____ (faire) du théâtre. En été, je _____ (dormir) beaucoup. Ma famille _____ (partir) en vacances en été; nous _____ (préférer) aller au bord de la mer. Ma sœur et moi, nous _____ (vendre) les coquillages *(seashells)* que nous _____ (trouver).

On fait la fête

CHAPITRE 2

VOCABULAIRE 1

1 Choisis le mot qui ne correspond pas aux autres.

_____ 1. a. la bûche de Noël   b. le sapin de Noël
        c. le feu d'artifice   d. les cadeaux

_____ 2. a. une fête nationale   b. une carte d'anniversaire
        c. l'hymne national   d. le feu d'artifice

_____ 3. a. un gâteau   b. les bougies
        c. des invités   d. le défilé

_____ 4. a. Noël   b. la fête des mères
        c. la foule   d. la Saint-Sylvestre

_____ 5. a. un chèque-cadeau   b. un bal populaire
        c. un bouquet de fleurs   d. une boîte de chocolats

_____ 6. a. les décorations   b. l'anniversaire de ton ami
        c. la fête des pères   d. le jour de l'an

2 Lis les phrases suivantes et décide quelle fête correspond à chaque phrase.

MODÈLE Il y a des ballons et un gâteau avec des bougies. **un anniversaire**

1. On réveillonne et on jette des confettis. _____

2. Aux États-Unis, cette fête est au mois de mai. _____

3. On achète un sapin et on donne des cadeaux. _____

4. Il y a des défilés et des feux d'artifice. _____

5. C'est une fête qui dure *(lasts)* jusqu'à minuit. _____

6. Aux États-Unis, cette fête est au mois de juin. _____

3 Complète les phrases suivantes avec le mot qui convient.

la foule	un chèque-cadeau	recevoir	remercier
l'hymne national	le feu d'artifice	les décorations	

1. Tu vas _____ des cadeaux à Noël.

2. D'habitude, on chante _____ avant les matchs de base-ball.

3. Le 4 juillet, je déteste _____, mais j'adore _____ !

4. On va donner _____ à Marie pour son anniversaire.

5. Je dois _____ tous mes amis pour leurs bons vœux.

6. Comme _____ du sapin de Noël sont belles !

VOCABULAIRE 1   CHAPITRE **2**

4 Devine ce qu'on décrit dans les phrases suivantes, puis trouve les réponses dans le casse-tête *(puzzle)*.

> **MODÈLE** On les met sur un gâteau d'anniversaire. **les bougies**

1. Tu le fais quand on te fait quelque chose de gentil. _____

2. On les jette à la Saint-Sylvestre et au jour de l'an. _____

3. On les reçoit à Noël et pour son anniversaire. _____

4. Ce sont les personnes qu'on invite à une fête. _____

5. C'est un repas qu'on mange à minuit. _____

6. C'est quand il y a beaucoup de personnes ensemble. _____

```
L E S C O N F E T T I S
S H H I V A O É J X N L
L E R É V E I L L O N A
C N A C A S E L R L Q F
A L E S I N V I T É S O
N L E S C A D E A U X U
T U F D I B U J A R N L
A R E M E R C I E R B E
L F L E S B O U G I E S
```

5 Complète chaque conversation avec une réponse appropriée.

> **MODÈLE**   **Julie** Aujourd'hui, c'est mon anniversaire.
> **Étienne Joyeux anniversaire!**

Suzanne   Demain soir je vais chez Patrice pour l'anniversaire de sa mère.

Joël   (1) _____

Cécile   Cet été, je vais en Espagne avec ma famille.

Karim   (2) _____

Léo   Alors, je vais sortir avec Nora et Noémi ce soir.

Clara   (3) _____

Maxime   Je vais passer Noël avec mes grands-parents à Nice.

Morgane   (4) _____

VOCABULAIRE 1   CHAPITRE **2**

6 Sarah essaie de choisir un cadeau pour Ahmed. Elle demande des conseils à Abdul. Remets leur conversation dans le bon ordre.

> Alors, offre-lui un nouveau portefeuille.
> Bonne idée!
> Il en a déjà plein.
> Tu as une idée de cadeau pour Ahmed?
> Tu pourrais lui offrir un pull.

Sarah _____

Abdul _____

Sarah _____

Abdul _____

Sarah _____

7 Ton ami ne sait pas quels cadeaux offrir à sa famille pour Noël. Donne-lui des idées.

> Tu pourrais lui offrir…
> Offre-leur…
> Tu pourrais leur offrir…
> Offre-lui…

> un bouquet de fleurs
> un chèque-cadeau
> une boîte de chocolats
> un nouveau CD
> un caméscope
> une raquette de tennis

1. Ma grand-mère aime beaucoup les sucreries *(sweets)*.

   _____

2. Ma grande sœur aime la musique de John Mayer.

   _____

3. Mon grand frère est très sportif.

   _____

4. Mes parents aiment faire de la photo et de la vidéo amateur.

   _____

5. Mon petit frère n'aime pas les surprises.

   _____

On fait la fête

Direct object pronouns

- **Direct objects** receive the action of the verb. A direct object can be a person or a thing.

- A direct object can be a **noun** or a **pronoun.** The **direct object pronouns** in French are:

me	*me*	**nous**	*us*
te	*you* (sing., fam.)	**vous**	*you* (plural, formal)
le/la	*him/her, it*	**les**	*them*

Direct object pronouns should be used where possible to avoid repetition. **Me, te, le,** and **la** change to **m', t',** and **l'** before a vowel sound.

- In the present tense, the direct object pronoun precedes the conjugated verb. If there is an infinitive (as in the near future), it precedes the infinitive.

  —Tu regardes **le feu d'artifice?**   —Oui, je **le** regarde.

  —Tu vas regarder **le feu d'artifice?** —Oui, je vais **le** regarder.

---

8 Souligne l'objet direct dans chaque phrase, puis choisis le pronom logique pour remplacer le nom.

MODÈLE ___a___ Pierre regarde le défilé?

      a. le   b. vous   c. la

_____ 1. Tu apportes le gâteau pour la fête?

      a. me   b. l'   c. le

_____ 2. Le jour de l'an, nous faisons la fête.

      a. les   b. te   c. la

_____ 3. Tu vas envoyer la carte d'anniversaire à ta tante?

      a. le   b. la   c. l'

_____ 4. Qui va acheter les décorations pour le sapin de Noël?

      a. la   b. l'   c. les

9 Récris les phrases de l'activité 8 avec le pronom d'objet direct approprié.

1. _____

2. _____

3. _____

4. _____

Indirect object pronouns

• The **indirect object** benefits from the action of the verb. In French, the preposition **à** often precedes the indirect object. Indirect objects are often used with verbs of giving/receiving (**donner, offrir, envoyer**) or communicating (**parler, dire, téléphoner**).

• The **indirect object pronouns** in French are:

me	(to) *me*	**nous**	(to) *us*
te	(to) *you*	**vous**	(to) *you* (plural, formal)
lui	(to) *him/her*	**leur**	(to) *them*

Use these pronouns to avoid repetition. They precede the conjugated verb or the infinitive.

• For sentences with both a direct object pronoun and an indirect object pronoun, place the pronouns in the following order:

me		**le**		**lui**
te	*before*	**l'**	*before*	**leur**
nous		**la**		
vous		**les**		

---

10 Écris le pronom d'objet indirect approprié pour remplacer la phrase soulignée.

1. Je vais envoyer une carte de vœux <u>à mes grands-parents.</u> _____

2. Nathalie offre un chèque-cadeau <u>à moi.</u> _____

3. Tes cousins donnent des cadeaux <u>à toi et à Guillaume</u> pour Noël?

_____

4. Nicolas ne parle jamais <u>à Maya et à moi.</u> _____

11 Remplace les mots en italique par les pronoms d'objet direct et indirect qui conviennent. Fais des phrases complètes.

MODÈLE Anne donne *la carte à son ami.* **Anne la lui donne.**

1. Ludovic va envoyer *le bouquet de fleurs à sa copine.*

_____

2. Je souhaite *la bonne année à mes parents.*

_____

3. Maman va donner *le ballon à mon petit frère.*

_____

4. Tu vas donner *la robe bleue à ta sœur?*

_____

The verb *offrir*

• Although the verb **offrir** *(to give a gift, offer)* ends in **-ir,** it is conjugated like an **-er** verb:

j' offre	nous offrons
tu offres	vous offrez
il/elle/on offre	ils/elles offrent

---

12 Complète chaque phrase avec la forme correcte du verbe **offrir.**

1. Karim et toi, vous _____ un bouquet de fleurs à votre mère.

2. On va _____ le dernier CD de Joss Stone à Sonia pour Noël?

3. Matthieu et moi, nous _____ un nouveau portable à notre père.

4. Justine et Jacques n' _____ pas de chèque-cadeau à Anaïs.

5. Qu'est-ce que tu _____ à tes cousins pour leur anniversaire?

13 Écris des questions pour demander quels cadeaux tes amis offrent à ces personnes pour Noël. Utilise la forme correcte du verbe **offrir.** Puis écris leurs réponses et remplace l'objet indirect par un pronom approprié. Imagine les cadeaux.

MODÈLE Karl / sa mère **Qu'est-ce que Karl offre à sa mère?**
                          Il lui offre une nouvelle robe.

1. Marc et Céline / leurs cousins _____

_____

2. Émilie et moi / Marie _____

_____

3. Antoine / sa copine _____

_____

4. Tu / Hassan et moi _____

_____

5. Jérémy / Victor et toi _____

_____

6. Babette et toi / vos parents _____

_____

On fait la fête

14 Julie et ses amis organisent une soirée samedi soir. Regarde chaque dessin et indique quelle corvée il faut faire.

a. emballer les cadeaux	**b. choisir la musique**	**c. décorer la salle**
d. faire les courses	**e. envoyer les invitations**	**f. faire le ménage**

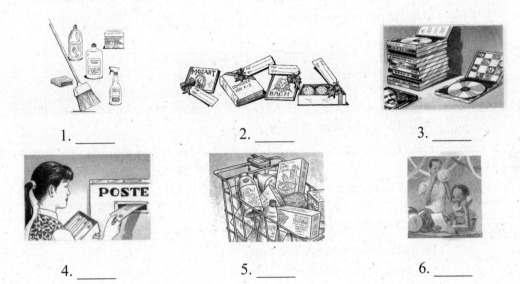

1. _____   2. _____   3. _____

4. _____   5. _____   6. _____

15 Déchiffre *(unscramble)* les mots suivants pour révéler les autres choses à faire pour la fête de Julie.

1. gnarer al snoaim _____

2. eifra al srièupoes _____

3. pparrére esl samue-luugese _____

4. sersap l' atreuprsai _____

5. hetacer eds tuirfs cess _____

16 Tu organises une soirée pour l'anniversaire d'Annette. Lis les phrases suivantes et décide si chaque phrase est logique (L) ou illogique (I).

_____ 1. Il faut faire les courses, mais je ne trouve pas l'aspirateur.

_____ 2. On n'a pas acheté de biscuits. Annette n'aime pas trop le sucre.

_____ 3. Que choisir comme musique? Annette adore le rock.

_____ 4. Comme amuse-gueules, on a des cacahuètes, des chips et de la poussière.

_____ 5. Il faut envoyer les invitations mais je dois d'abord acheter des timbres.

_____ 6. On va faire une soirée costumée. Je vais m'habiller en pirate.

VOCABULAIRE 2   CHAPITRE **2**

17 Pour l'anniversaire d'Annette, tu demandes à tes amis de t'aider à tout préparer. Écris une question appropriée pour chacune des corvées suivantes. Varie tes questions.

MODÈLE Zoé / faire le ménage **Zoé, ça t'ennuie de faire le ménage?**

1. Thomas / emballer les cadeaux _____

2. Élise / acheter des fruits secs _____

3. Manon / décorer la salle _____

4. Pierre / ranger la maison _____

18 Déchiffre les questions suivantes. Fais tous les changements nécessaires. Puis choisis une réponse logique de la boîte.

Non, pas encore.	**J'ai complètement oublié!**	**Non, c'est bon.**
Mais oui, je l'ai faite hier.	**Mais oui, je l'ai fait hier.**	

MODÈLE penser / ranger le salon / à / tu / avoir
Tu as pensé à ranger le salon?
J'ai complètement oublié!

1. il y a / encore / à / est-ce que / des courses / faire

_____

_____

2. déjà / avoir / tu / décorer la salle

_____

_____

3. bien / faire le ménage / tu / avoir

_____

_____

4. à / acheter des cacahuètes / tu / penser / avoir

_____

_____

5. avoir/ bien / tu / faire la poussière

_____

_____

19 Julie fait les préparations pour le 14 juillet. Aujourd'hui, c'est le 12 juillet et sa mère lui demande ce qu'elle a fait. Regarde son calendrier, puis réponds logiquement à chacune de ses questions.

dimanche	lundi	mardi	mercredi	jeudi	vendredi	samedi
8 faire les courses	**9** envoyer les invitations	**10** choisir la musique	**11** faire la poussière	**12** ranger la maison	**13** préparer les amuse-gueules / décorer le salon	**14** faire la fête!

1. Est-ce qu'il y a encore des courses à faire?

   _____

2. Tu as bien choisi la musique?

   _____

3. Tu as pensé à envoyer les invitations?

   _____

4. Tu as déjà fait la poussière?

   _____

5. Tu as bien préparé les amuse-gueules?

   _____

6. Tu as déjà fini de décorer le salon?

   _____

20 Ton ami(e) et toi organisez une fête. Écris une conversation dans laquelle vous demandez l'un à l'autre de faire certaines choses et vous demandez ce que l'autre personne a déjà fait.

_____

_____

_____

_____

_____

_____

_____

On fait la fête

The *passé composé* with *avoir*

• The **passé composé** tells what happened and what someone did in the past. It is formed with the present tense of **avoir** plus a past participle. To form past participles of regular verbs, replace **-er** with **-é**, **-ir** with **-i**, or **-re** with **-u**.

	parler	finir	attendre
j'	**ai** parlé	**ai** fini	**ai** attendu
tu	**as** parlé	**as** fini	**as** attendu
il/elle/on	**a** parlé	**a** fini	**a** attendu
nous	**avons** parlé	**avons** fini	**avons** attendu
vous	**avez** parlé	**avez** fini	**avez** attendu
ils/elles	**ont** parlé	**ont** fini	**ont** attendu

• The following verbs have irregular past participles:

être (**été**)	savoir (**su**)	avoir (**eu**)	voir (**vu**)
dire (**dit**)	boire (**bu**)	pleuvoir (**plu**)	faire (**fait**)
mettre (**mis**)	pouvoir (**pu**)	connaître (**connu**)	prendre (**pris**)
écrire (**écrit**)	vouloir (**voulu**)	lire (**lu**)	

21 Tes amis parlent de ce qui s'est passé hier avant et pendant la fête de Lucien. Complète leurs phrases avec le passé composé du verbe approprié.

a bu	avez fini	ai parlé
as pris	avons décoré	a donné

1. J' _____ longtemps avec Paul.

2. Laurent _____ trop de coca!

3. Marc et moi, nous _____ le salon de Lulu.

4. Cécile, tu _____ le cadeau qu'on
   t'_____?

22 Fais des phrases complètes au passé composé.

1. Mélanie / acheter / gâteau _____

2. nous / mettre / table _____

3. je / pouvoir / ne pas / sortir _____

4. Mia et toi / voir / Louis _____

5. Tu / jeter / confettis _____

The *passé composé* with *être*

• There are some French verbs, like **aller,** that use **être** in the **passé composé.** The **passé composé** with **être** is formed with the present tense of **être** plus a past participle. The past participle must agree in gender and number with the subject. Here is the conjugation of the verb **aller** *(to go)* in the passé composé:

je **suis allé(e)**	nous **sommes allé(e)s**
tu **es allé(e)**	vous **êtes allé(e)(s)**
il/elle/on **est allé(e)(s)**	ils/elles **sont allé(e)s**

• The following verbs use **être** in the **passé composé:**

arriver (**arrivé**)	partir (**parti**)	descendre (**descendu**)
rentrer (**rentré**)	entrer (**entré**)	rester (**resté**)
monter (**monté**)	mourir (**mort**)	retourner (**retourné**)
sortir (**sorti**)	naître (**né**)	venir (**venu**)

---

23 Choisis la lettre de la réponse qui complète chaque phrase logiquement.

_____ 1. Mégane et Martin, vous _____
   a. sommes restés à la maison.   b. êtes allés au café.
   c. est arrivé en retard.   d. êtes parti à 8h30.

_____ 2. Mélanie _____
   a. est rentré après minuit.   b. êtes descendue du taxi.
   c. est sortie avec ses amis.   d. suis venue trop tard à la fête.

_____ 3. Sandrine, tu _____
   a. es née en 1991?   b. est rentrée à quelle heure?
   c. es venu avec qui?   d. êtes montée par l'escalier?

_____ 4. Marc et Damien _____
   a. sommes allés au cinéma.   b. êtes revenus de la fête.
   c. sont restées chez leurs cousins. d. sont partis en vacances.

24 Dis ce que les personnes suivantes ont fait le week-end dernier. Utilise le passé composé avec l'auxiliaire **être.**

1. Le prof de français _____

2. Moi, je _____

3. Mes parents _____

4. Marina _____

5. Alex et Dylan _____

6. Mes copains et moi _____

Negative expressions

- To make a sentence negative, you place a negative expression around the verb. The negative expression is placed around the helping verb in the **passé composé**.

ne... **pas**	*not*	Il **ne** va **pas** à la boum.
ne... **pas encore**	*not yet*	Je **n'**ai **pas encore** vu ce film.
ne... **jamais**	*never, not ever*	Nous **n'**allons **jamais** dans ce café.
ne... **plus**	*no more, no longer*	Il **n'**a **plus** d'argent.
ne... **rien**	*nothing, not anything*	Jeanne **n'**a **rien** mangé.

- To use negative expressions without a complete sentence, you can use only the second part of the expression.

Qu'est-ce que tu as fait hier?   **Rien.**

---

25 Choisis la bonne réponse à chaque question.

_____ 1. Tu as bu le reste du coca?

_____ 2. Tu vas acheter un nouveau CD?

_____ 3. Tu as déjà vu *King Kong?*

_____ 4. Tu as regardé *Survivor* hier soir?

_____ 5. Qu'est-ce que tu as fait le week-end dernier?

> a. Je ne regarde jamais ça.
> b. Je n'ai plus d'argent.
> c. Rien.
> d. Pas encore.
> e. Non. Je ne l'ai pas bu.

26 Tu n'as pas vu ta grand-mère depuis longtemps. Elle te rend visite et elle te pose des questions au sujet de ta famille. Réponds à ses questions négativement en utilisant les expressions entre parenthèses.

MODÈLE Ta petite sœur fait souvent la cuisine? *(ne... jamais)*
Non, elle ne fait jamais la cuisine.

1. Ta mère a décoré le salon? *(ne... pas encore)*

_____

2. Tes cousins rendent visite à ta famille de temps en temps? *(ne... jamais)*

_____

3. Est-ce que ta grande sœur est sortie avec ses amis? *(ne... pas)*

_____

4. Qu'est-ce que tu as fait pour t'amuser hier soir? *(ne... rien)*

_____

Faisons les courses

1 Mets les aliments et les ustensiles de cuisine suivants dans la bonne catégorie.

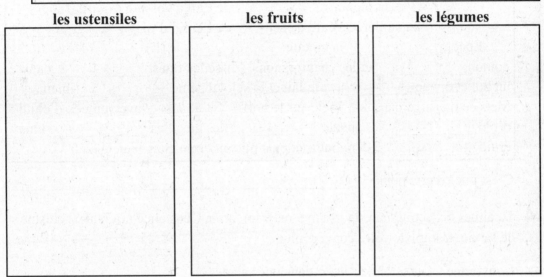

l'oignon	l'abricot	les petits pois	une cuillère à soupe
la tomate	la banane	la fourchette	le champignon
les fraises	la tasse	le poivron	la pastèque
le four	le melon	le brocoli	les framboises

les ustensiles	les fruits	les légumes

2 Choisis le mot qui ne correspond pas aux autres.

_____ 1. a. l'aubergine
    b. la farine
    c. les haricots verts
    d. la courgette

_____ 2. a. la cuillère à soupe
    b. la cuillère à café
    c. les salades
    d. la tasse

_____ 3. a. la cerise
    b. les petits pois
    c. le poivron
    d. la carotte

_____ 4. a. la framboise
    b. la pomme de terre
    c. le sucre
    d. le melon

_____ 5. a. la pêche
    b. la pomme
    c. l'abricot
    d. le poivron

_____ 6. a. la pomme de terre
    b. les petits pois
    c. la tomate
    d. le four

3 Ton ami vient de t'envoyer une nouvelle recette par e-mail, mais quelques mots de son e-mail sont brouillés *(scrambled)*. Déchiffre les mots, puis devine la recette qu'on t'a envoyée.

> 6 fuœs _____ 1 cuillerée à soupe de lait
> ½ goinon _____ 1 motate _____
> 3 champignons de l'ail à volonté *(to taste)*
> ¼ cuillerée à café de sel de l'ehiul d'olevi _____
>
> Epcou _____ la motate _____, le (l')
> goinon _____ et les champignons. Casse les fuœs _____ dans
> un bol et ojutae _____ le lait et le sel. langéme _____ bien.
> Mets ce mélange dans une poêle sur le urof _____ avec un peu d'ehiul
> d'olevi _____. ojutae _____ les mégules _____. Fais
> eruic _____ 3-5 minutes et puis plie en deux. Sers bien chaud.

C'est une recette pour _____

4 Tu aimes beaucoup faire la cuisine, mais ton amie Constance n'a jamais cuisiné de sa vie. Complète votre conversation.

Constance Qu'est-ce qu'il y a dans une salade?

Toi (1) _____

Constance C'est facile de faire une omelette?

Toi (2) _____

Constance Comment est-ce qu'on fait une tarte aux pommes?

Toi (3) _____

_____

5 Tes amis et toi échangez des recettes typiques familiales. Écris une recette simple d'un plat typique de ta culture ou de ta famille.

_____

_____

_____

_____

_____

_____

6 Tu vas au supermarché pour ta mère et elle te dit les choses dont elle a besoin.
Pour chaque dessin, choisis la phrase qui correspond.

a. Rapporte-moi une salade, s'il te plaît.

b. Tu me rapportes un morceau de fromage?

c. Tu veux bien m'acheter des petits pois?

d. Rapporte-moi des fraises, s'il te plaît.

e. N'oublie pas d'acheter des yaourts.

f. Tu me rapportes des haricots verts?

g. Achète des champignons.

h. Tu veux bien aussi acheter trois tranches de jambon?

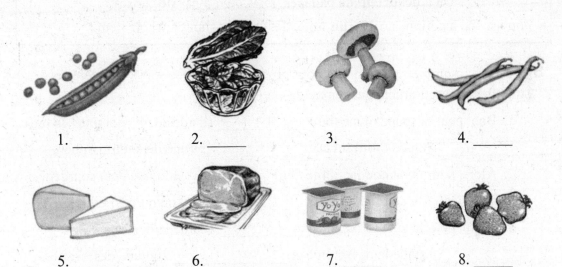

1. _____   2. _____   3. _____   4. _____

5. _____   6. _____   7. _____   8. _____

7 Aline et ses trois sœurs préparent un repas pour leurs parents, mais elles ont
oublié plusieurs choses. Aline demande à ses sœurs d'aller acheter ce qu'il leur
faut. Écris leurs réponses. Varie tes réponses.

Aline   Marie, tu veux bien aller acheter des carottes?

Marie   (1) *(non)* _____

Aline   Justine, tu sors? Tu me rapportes du sucre?

Justine (2) *(oui)* _____

Aline   Annette, tu veux bien aller acheter des pommes

de terre et des carottes?

Annette (3) *(oui)* _____

Aline   Et Justine, rapporte-moi du beurre aussi, s'il te plaît.

Justine (4) *(oui)* _____

Aline   Et, n'oublie pas d'acheter du lait, aussi!

Faisons les courses

The partitive

- The **partitive** is used to express the idea of *some, any,* or *a portion* of a whole item. To do this in French, you use the **partitive articles:**

Masculine	Feminine	Singular beginning with a vowel	Plural
du sel	**de la** tarte	**de l'**ail	**des** petits pois

- In a negative sentence and after expressions of quantity, the partitive changes to **de (d'):**

  On a **beaucoup de** bananes, mais on n'a pas **de** cerises.

- You use the indefinite article **(un, une, des)** to talk about a whole item.

---

8 Ta mère résume ce qu'il lui faut pour préparer le dîner ce soir. Complète ce qu'elle dit avec l'article qui convient.

1. Bon, pour la soupe, il me faut _____ (du/des/de l') pommes de terre,

   _____ (un/de l'/du) sel et _____ (une/de la/du) jambon.

2. Alors, pour la ratatouille, il me faut _____ (du/une/des) courgettes,

   _____ (du/de l'/de la) ail et _____ (un/du/des) oignon.

3. Enfin, pour la tarte, il me faut _____ (du/de la/des) sucre,

   _____ (un/de la/des) crème et _____ (un/une/des) fraises.

9 Tu as invité des amis à dîner ce soir. Tu vas leur préparer une soupe aux légumes, une pizza au fromage et une mousse au chocolat. Fais une liste de ce qu'il te faut pour chaque plat. Attention aux articles!

la soupe aux légumes	**la pizza au fromage**	**la mousse au chocolat**

The pronoun *y*

• The pronoun **y** can be used to replace names of places that start with the prepositions **à, dans, en,** and **chez.** This will help to avoid repeating places and locations.

> —Demain, je dois aller **à la poste.**
> —J'**y** vais aujourd'hui. Qu'est-ce qu'il te faut?

> —L'année dernière, nous sommes allés **chez mes grands-parents.**
> —Alors, vous **y** allez cette année?

• Like most other French pronouns you know, **y** is placed before the conjugated verb. Place **y** directly before the infinitive if there is an infinitive in the sentence.

> —J'ai oublié d'aller **au marché** hier; il faut **y** aller aujourd'hui.

---

10 Souligne la partie de la phrase qu'on peut remplacer par le pronom **y**. Puis récris chaque phrase en utilisant **y**.

1. Cet après-midi, je dois aller au supermarché pour maman.

   _____

2. Monique est allée à la poste parce qu'elle n'avait plus de timbres.

   _____

3. Thérèse et moi, nous allons chez les Rimbaud pour la boum de Paul.

   _____

4. Maman et Papa vont au cinéma ce soir?

   _____

5. Est-ce que tu as mis des pommes de terre dans la soupe?

   _____

11 Réponds aux questions suivantes. Utilise le pronom **y** dans tes réponses.

1. Est-ce que tu aimes aller au café avec tes amis?

   _____

2. Tu vas chez tes amis souvent, de temps en temps, ou rarement?

   _____

3. Est-ce que tu es allé(e) au cinéma cette semaine?

   _____

4. Tu aimes prendre tes repas dans ta chambre?

   _____

Question formation

- There are several ways to ask a yes-no question in French. One way is to simply raise the pitch of your voice at the end of a sentence. Another is to start the question with **est-ce que.**

    Est-ce que tu aimes les bananes?

- You can also ask yes-no questions by using inversion with a pronoun subject and its verb. If the verb ends in a vowel sound, insert **-t-** before **il, elle,** or **on.**

    Est-elle déjà partie? **A-t-elle** préparé le dîner?

- You can ask information questions by using question words like **qui** (who), **pourquoi** (why), **que (qu')** (what), **combien de (d')** (how much/how many), **quand** (when), **comment** (how), **où** (where).

    Combien de tomates as-tu achetées?

    Qui invites-tu à la boum?

---

12 Choisis la question qui correspond à chaque réponse.

_____ 1. Non, j'ai complètement oublié.

_____ 2. On va au supermarché après le déjeuner.

_____ 3. Non, mais il y a des cerises et une pêche.

_____ 4. On va manger des sandwichs et une salade.

> a. Est-ce qu'il y a des fraises dans le frigo?
> b. Qu'est-ce que Papa prépare pour le déjeuner?
> c. As-tu acheté du beurre et du lait?
> d. Quand va-t-on faire les courses?

13 Tu veux connaître les habitudes alimentaires de ton correspondant. Pose-lui des questions sur les choses suivantes. Varie la forme de tes questions.

MODÈLE s'il/si elle aime manger des fruits **Aimes-tu manger des fruits?**

1. s'il/si elle est végétarien(ne)

    _____

2. la personne qui prépare les repas chez lui/elle

    _____

3. l'heure où il/elle prend ses repas

    _____

4. s'il/si elle aime les légumes cuits (cooked) ou crus (raw)

    _____

14 Choisis le nom du magasin où on peut acheter les choses suivantes.

| a. la boulangerie-pâtisserie b. la boucherie-charcuterie c. la poissonnerie |
| d. l'épicerie   e. le supermarché   f. la crémerie-fromagerie |

1. _____   2. _____   3. _____

4. _____   5. _____   6. _____

15 Déchiffre les noms des magasins suivants, puis fais une liste d'au moins deux choses qu'on peut acheter dans chaque magasin. N'oublie pas les articles.

> **MODÈLE** éhspreucarm **le supermarché – une bouteille d'eau, un pot de confiture**

1. piéercie

   _____

2. cherbouie-trachercuie

   _____

3. sionpresoine

   _____

4. rmeécire-magrofriee

   _____

5. algnroubiee-pessâitire

   _____

16 François fait les courses, aujourd'hui. D'après chaque phrase ou question, choisis le nom logique du commerçant *(shopkeeper)* à qui il parle.

_____ 1. Je voudrais une livre de cerises, s'il vous plaît.

_____ 2. Un paquet de pâtes et une bouteille d'eau, ça fait combien en tout?

_____ 3. Je voudrais deux baguettes et une douzaine de croissants, s'il vous plaît.

_____ 4. Pardon, monsieur, mais vous n'avez pas de crevettes aujourd'hui?

_____ 5. Il me faut une tranche de jambon et des saucisses, s'il vous plaît.

a. le boulanger
b. l'épicier
c. le boucher
d. le poissonnier
e. le caissier

17 Ta mère va acheter différentes choses à l'épicerie. Complète sa conversation avec l'épicière.

L'épicière _____

Maman Il me faut des haricots verts, s'il vous plaît.

L'épicière _____

Maman À peu près une livre. Et il me faut deux melons aussi.

L'épicière _____

Maman Mûrs, s'il vous plaît. Combien coûtent les pêches?

L'épicière _____

Maman Bon, je vais en prendre deux kilos.

L'épicière _____

Maman Oui, c'est tout pour aujourd'hui, merci.

18 Tu es à la poissonnerie pour acheter deux livres de crevettes si elles ne coûtent pas trop cher. Écris ta conversation avec le poissonnier.

Le poissonnier _____

Toi _____

Le poissonnier _____

Toi _____

Le poissonnier _____

Toi _____

19 Bertrand fait les courses pour sa grand-mère. Détermine si chaque conversation est **logique** ou **illogique.**

le poissonnier   Qu'est-ce qu'il vous faut?

Bertrand   Il me faut une tranche de crevettes. (1) _____

Bertrand   Combien coûtent les pommes, Madame?

l'épicière   C'est cinq euros le kilo. (2) _____

le boucher   Combien de côtelettes de porc vous faut-il?

Bertrand   À peu près une boîte. (3) _____

20 Ton père est au supermarché pour acheter plusieurs choses, mais il ne sait pas où les trouver. Il envoie des textos à ta mère pour lui demander où les trouver, mais il y a des mots manquants *(missing)*. Complète les textos avec les mots logiques.

peux trouver	à gauche du	tout près des
se trouvent	au milieu du	si tu vas

Papa   Où est-ce que je (1) _____ l'huile d'olive?

Maman   Alors, c'est (2) _____ épices.

Papa   Et les yaourts, ils (3) _____ où?

Maman   (4) _____ magasin,

(5) _____ lait, mais à droite du beurre.

Papa   Et les boîtes de conserve?

Maman   (6) _____ tout droit en face de l'entrée, elles

sont à côté des pots de confiture.

21 Tu travailles dans un hypermarché et un homme âgé te demande de l'aider à trouver des haricots verts frais *(fresh)*, un litre de jus d'orange et un paquet de pâtes. Écris votre conversation.

l'homme   _____

toi   _____

l'homme   _____

toi   _____

l'homme   _____

toi   _____

Faisons les courses

The pronoun *en*

• The pronoun **en** can be used to replace **de + noun**. **En** is often translated as *some, any, of it,* or *of them.*

> —Tu achètes **des petits pois?**
> —Oui, j'**en** achète deux livres.

• You can also use **en** to replace nouns following **un, une, numbers,** or **expressions of quantity.** You generally use **un, une,** the number, or expression of quantity in the sentence with **en.**

> —Tu achètes **trois pêches?**
> —Non, j'**en** achète **quatre.**

• Like the pronoun **y,** the pronoun **en** goes before the conjugated verb. Place it before an infinitive if there is one in the sentence.

---

22 Souligne la partie de la phrase qu'on peut remplacer par le pronom **en.** Puis récris chaque phrase en utilisant **en.**

1. Il faut acheter cinq bananes.

   _____

2. Non, je ne prends pas de tomates.

   _____

3. Il nous faut un litre de lait.

   _____

4. Papa a acheté des huîtres aujourd'hui?

   _____

5. Je n'ai pas trouvé de champignons.

   _____

23 Réponds à chaque question. Utilise le pronom **en** dans tes réponses.

1. Est-ce que tu vas préparer des crevettes pour le dîner?

   _____

2. Combien de livres d'abricots as-tu achetées?

   _____

3. Vous allez prendre combien de côtelettes, madame?

   _____

4. Combien de sandwichs est-ce que tu as mangés aujourd'hui?

   _____

Placement of object pronouns

- There may be times when you need to use **y** and **en** in the same sentence, perhaps even with other pronouns. In a sentence with both **y** and **en,** you place **y** before **en.**

> J'achète **des petits pois à l'épicerie.**
> J'**y en** achète.

- You have already learned the order of direct and indirect pronouns according to the chart below. Note the position of **y** and **en** with other object pronouns:

me (m')		le						
te (t')	*before*	l'	*before*	lui	*before*	y	*before*	en
se (s')		la		leur				
nous		les						
vous								

- All pronouns are placed before the conjugated verb or in front of the infinitive. This includes when you use more than one pronoun in a sentence.

> Jules va donner **de l'argent au caissier.**
> Jules va **lui en** donner.

---

24 Lis les phrases ou questions suivantes et écris le pronom ou les pronoms qu'on peut utiliser pour remplacer chaque partie soulignée.

1. Est-ce que tu veux <u>des œufs</u>? _____

2. On n'a pas trouvé <u>de pain</u> <u>à la boulangerie</u>. _____

3. Marguerite va donner <u>des fleurs</u> <u>à sa mère</u>. _____

4. Aujourd'hui, nous allons <u>à l'épicerie</u>. _____

5. Julien a rencontré <u>ses amis</u> <u>au supermarché</u>. _____

25 Pour chaque question, souligne la partie de la question qui peut être remplacée par des pronoms d'objet. Puis réponds à la question avec les pronoms appropriés.

1. Tu peux rapporter du lait à Maman?

   _____

2. Jérôme a rencontré sa copine à la crémerie-fromagerie?

   _____

3. Élise va donner combien de pommes à ses grands-parents?

   _____

4. Jacques a donné de l'argent à sa sœur au supermarché?

   _____

Contractions with *à* and *de*

Remember that when the definite article **le, la, l',** and **les** follow the prepositions **à** or **de,** they form the following contractions:

à	de
à + le = *au*	de + le = *du*
à + la = *à la*	de + la = *de la*
à + l' = *à l'*	de + l' = *de l'*
à + les = *aux*	de + les = *des*

Les paquets de pâtes sont **au** bout **du** rayon. Ils sont à côté **des** boîtes de tomates.

---

26 Choisis la préposition et l'article ou la contraction qui convient pour compléter chaque phrase.

_____ 1. As-tu jamais fait les courses au marché _____ quartier?

        a. de la   b. du   c. à la

_____ 2. Qu'est-ce qu'il y a en solde *(on sale)* _____ supermarché?

        a. aux   b. du   c. au

_____ 3. Tu peux m'acheter _____ yaourts à la crémerie?

        a. de la   b. des   c. du

_____ 4. J'adore les fruits frais _____ épicerie de Mme Laclos.

        a. de la   b. de l'   c. des

_____ 5. On n'a rien trouvé de bon _____ magasins aujourd'hui.

        a. des   b. aux   c. à la

27 Complète les phrases suivantes avec l'article ou la préposition qui convient.

1. Tu préfères faire les courses _____ marché ou _____ hypermarché?

2. Les pots de confiture sont à droite _____ boîtes de conserve.

3. Tu peux trouver les chariots à gauche _____ entrée.

4. La confiserie est en face _____ poissonnerie _____ bout

     _____ rue.

Au lycée

1 Déchiffre les mots suivants pour découvrir le nom d'une chose, d'une personne ou d'une activité associée à la vie au lycée. Puis, choisis l'endroit de la boîte où on peut les trouver ou les faire.

le laboratoire	**le CDI**	**la cantine**
la cour de récré	**l'infirmerie**	**la salle d'informatique**
le complexe sportif	**le gymnase**	

MODÈLE renpred el juneérde **prendre le déjeuner – la cantine**

1. al talmentsudocie _____

2. viora mentertînnae _____

3. neu sluboe _____

4. nu chamt ed flabootl _____

5. al steip emitléstad'h _____

6. meriefrili'n _____

7. nu dinertroua _____

2 Choisis le mot qui ne correspond pas aux autres.

_____ 1. a. faire une expérience
b. rendre un livre
c. faire une recherche
d. emprunter un livre

_____ 2. a. l'infirmerie
b. la cantine
c. l'infirmière
d. la cour de récréation

_____ 3. a. gagner une compétition
b. être en retenue
c. avoir entraînement
d. jouer au base-ball

_____ 4. a. rater une interro
b. avoir une mauvaise note
c. être en retenue
d. gagner un match

_____ 5. a. la piste
b. les lunettes
c. la blouse
d. une expérience

3 Qu'est-ce que tes amis ont fait à l'école aujourd'hui? Regarde chaque dessin, puis écris une phrase qui décrit ce que chaque personne a fait et où elle l'a fait.

prendre le déjeuner	le CDI	le laboratoire
faire une expérience	la cour de récréation	la cantine
emprunter un livre	la salle d'informatique	jouer au football
faire une recherche		

1.   2.   3.   4.   5.

MODÈLE Laurent **a pris le déjeuner à la cantine.**

2. Hakim et Joël _____

3. Gloria _____

4. Julie _____

5. Sophie _____

4 Madeleine demande à son frère Michel comment sa journée s'est passée. Déchiffre chaque question, puis choisis la réponse la plus logique.

Je l'ai gagné!	**Non, je l'ai complètement ratée**
Évidemment!	**Je n'en sais rien.**

1. nouvelle / l'infirmière / elle / comment / alors / être

_____

_____

2. match de basket-ball / se passer / ton / comment

_____

_____

3. interro d'anglais / réussir / dis-moi / ton / tu

_____

_____

VOCABULAIRE 1   **CHAPITRE 4**

5 Marc et Paula parlent de ce qui s'est passé au lycée. Selon les réponses de Paula, choisis la question appropriée de Marc.

Tu crois qu'il est arrivé quelque chose à Amélie?	**Je parie que Ludovic a gagné son match de tennis.**
Je me demande si Guy a encore raté son interro.	**Est-ce que quelqu'un a été en retenue avec Nanette?**

Marc   (1) _____

Paula   Non, personne.

Marc   (2) _____

Paula   Tu crois?

Marc   (3) _____

Paula   Non, il l'a réussie, pour une fois.

Marc   (4) _____

Paula   C'est possible.

6 Ton amie Aurélie a été malade et elle vient de retourner à l'école. Elle veut savoir ce qui s'est passé pendant son absence. Réponds à ses questions avec une réponse logique. Varie tes réponses.

1. Je parie que Jean-Luc a raté son interro d'anglais hier.

   _____

2. Dis-moi, tu as gagné ton match de foot lundi?

   _____

3. Zoé n'est pas ici. Tu crois qu'il lui est arrivé quelque chose?

   _____

4. Comment s'est passée ton expérience en chimie?

   _____

5. Est-ce que quelqu'un a déjeuné avec toi mardi?

   _____

6. Je me demande si Kalil a encore eu une mauvaise note en maths.

   _____

7. Alors, le nouveau prof d'informatique, il est comment?

   _____

Au lycée

Object pronouns with the *passé composé*

- You already know that object pronouns go before the conjugated verb in most sentences. In the **passé composé,** direct and indirect object pronouns go before the helping verb **avoir** or **être.**

> J'ai emprunté **le nouveau livre.**
> Je **l'**ai emprunté.

- When the **passé composé** is formed with **être,** the participle agrees in gender and number with the subject.

> Mélanie est revenu**e** trop tard hier soir. Elle a rat**é** son interro.

- When the **passé composé** is formed with **avoir,** there is no agreement with the subject. However, the past participle agrees with the direct object if it precedes the verb (as with a direct object pronoun).

> L'interro de français? Je **l'**ai rat**ée.**

---

7 Tu es à la cantine et tes amis parlent de leur journée; cependant *(however),* il y a beaucoup de bruit et tu n'entends pas tout ce qu'ils disent. Assortis *(match)* ce qu'ils disent avec la personne ou la chose dont *(about which)* ils parlent.

l'expérience	Georges	le livre
Marine	le match	les lunettes

1. Je l'ai rencontré au gymnase ce matin. _____

2. Je l'ai rendu au CDI hier. _____

3. Je l'ai complètement ratée. _____

4. Je l'ai gagné, mais ce n'était pas facile. _____

5. Je l'ai vue après la classe d'anglais. _____

6. Je les ai trouvées dans mon sac à dos. _____

8 Tu es très occupé(e) aujourd'hui et ta sœur essaie de t'aider à te rappeler tout ce qu'il faut faire. Réponds à ses questions en utilisant un pronom d'objet. Attention aux participes passés!

MODÈLE Tu as déjà fait ta recherche au CDI? *(oui)* **Oui, je l'ai déjà faite.**

1. Tu as déjà parlé au prof de maths? *(non)* _____

2. Tu as déjà pris ton petit-déjeuner? (oui) _____

3. Tu as déjà trouvé ta blouse? (oui) _____

4. Tu as déjà téléphoné à Maman? (non) _____

5. Tu as déjà reçu ta note d'histoire? (oui) _____

Quelqu'un, quelque chose, ne... personne, ne... rien, ne... que

• You use **quelqu'un** and **quelque chose** to say *someone* or *something*.

> **Quelqu'un** a dit **quelque chose** à Suzette.
> *Someone said something to Suzette.*

• You use **ne... personne** and **ne... rien** to say *no one* and *nothing*. They go around the verb in the sentence. In the **passé composé,** you place **ne... rien** around the helping verb. However, with **ne... personne** in the **passé composé, personne** follows the past participle.

> Juliette **n'**a **rien** fait hier soir. Elle **n'**a vu **personne** non plus.

• Just as in English, *no one* and *nothing* can be the subject of a sentence. Place **personne** or **rien** in the subject position and **ne** in front of the verb.

> **Rien ne** s'est passé à l'école hier.

• You use **ne... que (qu')** to say *only*. Place **ne** in front of the verb and **que** before the noun(s) being limited.

> Je **n'**ai **qu'**une interro aujourd'hui.

---

9 Complète les phrases suivantes logiquement avec **quelqu'un, quelque chose, personne, rien,** ou **que (qu').**

1. Pierre n'a mangé _____ un sandwich au déjeuner.

2. J'ai attendu pendant une heure, mais _____ n'est venu au gymnase.

3. Après son match de tennis hier, Samuel n'a _____ fait.

4. Alors, j'ai faim! Allons à la cantine pour chercher _____ à manger.

5. Tu as perdu ta blouse? Il se peut que tu l'as prêtée à _____?

10 Tu racontes les événements de ta journée à ton ami Karl qui est très pessimiste. Écris les réponses de Karl.

MODÈLE   **Toi**   Lucien a bu trois cocas à la cantine.
　　　　　　 Karl   **Je n'ai bu qu'un coca.**

　　　Toi   J'ai retrouvé tous mes amis dans la cour de récré.

　　Karl   (1) _____

　　　Toi   Vingt étudiants ont réussi l'interro de français.

　　Karl   (2) _____

　　　Toi   Tristan et René m'ont dit «Bonjour» ce matin.

　　Karl   (3) _____

　　　Toi   Il s'est passé beaucoup de choses aujourd'hui.

　　Karl   (4) _____

The verb *recevoir*

• The irregular verb **recevoir** *(to receive, to get)* has some vowel changes in the
nous and **vous** forms of the present tense:

je re**çois**	nous recevons
tu re**çois**	vous recevez
il/elle/on re**çoit**	ils/elles re**çoivent**

• The past participle of **recevoir** is **reçu** and it uses **avoir** as its helping verb in the
passé composé.

J'**ai reçu** une mauvaise note en histoire.

---

11 Complète les phrases suivantes avec la forme appropriée du verbe **recevoir.**

1. Regarde le cahier que Than _____ comme cadeau de sa copine.

2. Patrice et moi, nous _____ toujours de bonnes notes en maths.

3. Céline, tu _____ le texto qu'on t'a envoyé?

4. Je parie que Laure va _____ la meilleure note en anglais.

5. Géraldine et Guillaume, vous _____ le message de votre mère?

12 Un groupe d'amis parlent de leur journée. Réponds à chaque question selon les
indices *(hints)* entre parenthèses. Utilise des pronoms d'objet dans tes réponses
là où c'est nécessaire.

MODÈLE Qui a gagné la compétition? *(personne)* **Personne ne l'a gagnée.**

1. Qui a reçu la meilleure note en français? *(je)*

   _____

2. Qu'est-ce qui s'est passé au laboratoire ce matin? *(rien)*

   _____

3. Qui a rendu les livres au CDI pour le prof? *(Antoine)*

   _____

4. Qui a raté l'expérience de chimie cet après-midi? *(personne)*

   _____

5. À quelle heure est-ce que Maeva a reçu le texto de son copain? *(15h30)*

   _____

6. Qui a gagné le match de basket-ball hier? *(les Bleus)*

   _____

Au lycée

13 Devine ce qu'on décrit dans les phrases suivantes, puis trouve les réponses dans le casse-tête *(puzzle)*.

MODÈLE C'est la partie de l'ordinateur où on trouve les touches. **clavier**

1. C'est aussi le nom d'une partie d'une maison. _____

2. C'est le premier site *(website)* qu'on voit quand on ouvre une session. _____

3. On clique sur eux pour aller sur d'autres sites. _____

4. C'est aussi le nom d'un petit animal. _____

5. On utilise ceci pour faire de nouveaux CD/DVD. _____

6. On utilise cette machine pour faire une copie de ce qu'on voit sur l'écran. _____

7. D'habitude, on achète ces programmes sur un CD. _____

```
I M P R I M A N T E I S H
F H F I C A O A W J N O X
E E E É L E I L L O N U H
N N N C A C C U E I L R O
Ê L Ê È V N V I S É S I L
T L O G I C I E L N U S K
R O R D E B U J A R E L Q
E A E M R R C I E R B I A
L F G R A V E U R E R V L
```

14 Ta mère ne connaît pas très bien les ordinateurs et elle te pose des questions bizarres! Réponds à ses questions logiquement.

1. Est-ce qu'on peut copier un DVD avec un écran?

_____

2. On utilise les barres de défilement pour choisir les liens?

_____

3. Est-ce qu'on doit naviguer un logiciel avant de l'utiliser?

_____

4. La fenêtre, est-elle une partie du clavier?

_____

Holt French 2

43

Cahier de vocabulaire et grammaire

VOCABULAIRE 2   CHAPITRE **4**

15 Choisis l'expression qui ne correspond pas aux autres.

_____ 1. a. l'imprimante
       b. la souris
       c. l'accueil
       d. l'écran

_____ 4. a. l'unité centrale
       b. les barres de défilement
       c. la fenêtre
       d. les liens

_____ 2. a. démarrer
       b. retour
       c. naviguer
       d. cliquer

_____ 5. a. l'ordinateur
       b. l'imprimante
       c. le graveur
       d. le navigateur

_____ 3. a. le clavier
       b. le logiciel
       c. la souris
       d. les touches

_____ 6. a. ouvrir une session
       b. graver
       c. naviguer
       d. page d'accueil

16 Alex veut acheter son premier ordinateur et il pose des questions au vendeur. D'abord, déchiffre les questions d'Alex. Puis, récris la réponse du vendeur sous la question d'Alex.

1. les différents sites / naviguer / comment / savez-vous / entre

_____

_____

2. navigateur / qu'est-ce que / comme / vous utilisez

_____

_____

3. est-ce que / on fait / ouvrir une session / comment / pour

_____

_____

4. imprimante / vous préférez / est-ce que / de / quelle sorte

_____

_____

> a. Moi, je vous recommande les imprimantes jet d'encre *(inkjet)*.
>
> b. C'est facile, on n'a qu'à démarrer son navigateur.
>
> c. Moi, je préfère celui-ci, mais les autres sont bons aussi.
>
> d. Alors, vous pouvez cliquer sur les liens ou taper *(type)* une nouvelle adresse.

17 Tu parles à ton prof d'informatique et tu veux savoir les choses suivantes: comment imprimer un document, ce qu'il/elle utilise comme moteur de recherche *(search engine)*, et ce qu'il/elle recommande comme logiciel de traitement de texte *(word processing software)*. Écris ta conversation.

Toi _____

Ton prof _____

Toi _____

Ton prof _____

Toi _____

Ton prof _____

18 Aujourd'hui Louis n'a pas de chance avec son ordinateur. Choisis la phrase qui décrit ce qu'il pourrait dire dans les situations suivantes.

> **Ça m'énerve! Mon imprimante ne marche pas du tout.**
>
> **Alors, rien ne marche aujourd'hui!**
>
> **Tout va de travers depuis que j'ai téléchargé ce nouveau logiciel.**
>
> **Je ne sais pas quoi faire. Ça fait trois fois qu'on a une coupure de courant *(power failure)*.**

1. Son ordinateur est planté pour la deuxième fois.

   _____

2. Il ne peut pas imprimer sa dissertation *(term paper)*.

   _____

3. Il ne peut pas trouver sa souris, son graveur ne marche pas, et il ne peut pas démarrer son navigateur.

   _____

4. Il tape sa dissertation et tout d'un coup *(all of a sudden)*, il n'y a plus d'électricité.

   _____

19 Écris un e-mail à un/une de tes ami(e)s dans lequel tu décris au moins deux problèmes que tu as avec ton ordinateur et tu exprimes ta frustration.

_____

_____

_____

_____

Au lycée

The verb *suivre*

• You can use the irregular verb **suivre,** which literally means *to follow,* to say what courses you are taking.

je **suis**	nous **suivons**
tu **suis**	vous **suivez**
il/elle/on **suit**	ils/elles **suivent**

Est-ce que tu **suis** un cours de géographie?

• The past participle of **suivre** is **suivi** and this verb uses **avoir** as its helping verb in the **passé composé.**

Alain **a suivi** un cours d'histoire américaine l'année dernière.

---

20 Complète les phrases avec la forme appropriée du verbe **suivre.**

1. Je _____ un cours de biologie, mais Annick _____ un cours de chimie.

2. Nous _____ un cours de littérature anglaise l'année dernière, mais cette année nous _____ un cours de littérature française.

3. Je sais que tu _____ un cours d'arts plastiques, mais Bertrand et Ophélie, quel cours est-ce qu'ils _____?

4. Blanche et Romain, vous _____ un cours de théâtre, mais moi, je vais_____ un cours d'informatique.

21 Tes amis et toi parlez des cours que vous avez suivis et de ceux que vous allez suivre. Selon chaque description et les indices entre parenthèses, indique quel cours chaque personne a suivi ou va suivre.

MODÈLE Amélie aime faire des calculs *(calculations)*. *(l'année dernière)*
Elle a suivi un cours de maths.

1. Nous aimons jouer du piano. *(l'année prochaine)*

_____

2. Thuy et Luc aiment étudier la vie de Napoléon. *(l'année dernière)*

_____

3. William aime beaucoup les ordinateurs. *(l'année dernière)*

_____

4. Patrick et toi, vous aimez jouer au tennis et au golf. *(l'année prochaine)*

_____

GRAMMAIRE 2   CHAPITRE **4**

Depuis, il y a, ça fait...

- In order to say what someone *has been doing,* you can use **depuis** plus a time expression to say *for how long* or *since.*

> Lise étudie l'histoire de France **depuis** un an.
> *Lise has been studying French history for a year.*

> Ils parlent au conseiller **depuis** 8h30.
> *They have been talking to the counselor since 8:30.*

- You can also say *for how long* or *since* by using **il y a** or **ça fait** and a time expression followed by **que.** Generally these expressions go at the beginning of the sentence.

> **Ça fait** un an **que** Lise étudie l'histoire de France.
> **Il y a** un an **que** Lise étudie l'histoire de France.
> *Lise has been studying French history for a year.*

---

22 Marine et Louise se demandent depuis combien de temps elles font certaines choses. Complète leur conversation avec **depuis, il y a,** ou **ça fait.**

> **Louise**   Dis, Marine, (1)_____ combien de temps que tu
>
> joues du piano?
>
> **Marine**   Alors, (2)_____ cinq ans que j'étudie la musique.
>
> Et toi, (3)_____ quand est-ce que tu joues au golf?
>
> **Louise**   (4)_____ un an que je fais du golf. Tu
>
> étudies l'anglais (5)_____ longtemps?
>
> **Marine**   Non, pas du tout. (6)_____ un an que je suis un cours
>
> d'anglais, c'est tout.

23 Depuis combien de temps est-ce que tu fais les choses suivantes? Écris tes réponses en utilisant **depuis, ça fait,** ou **il y a.** Varie tes réponses.

1. habiter dans ta maison

   _____

2. suivre des cours de musique ou de sport

   _____

3. étudier le français

   _____

4. avoir ton animal domestique *(pet)*

   _____

Holt French 2   **47**   Cahier de vocabulaire et grammaire

The verb *ouvrir*

- Some verbs that end in **-ir** are conjugated much like **-er** verbs. Some of these verbs are **ouvrir** *(to open)* and **offrir** *(to offer)*. Here is the conjugation of **ouvrir**:

j' **ouvre**	nous **ouvrons**
tu **ouvres**	vous **ouvrez**
il/elle/on **ouvre**	ils/elles **ouvrent**

Mme Souris **ouvre** la salle d'informatique à 7h30.

- The past participle of **ouvrir** is **ouvert,** and the past participle of **offrir** is **offert.** These verbs use **avoir** as their helping verb in the **passé composé.**

Alexandre **a offert** un cadeau à sa copine.

---

24 Lili et Hugo vont au CDI pour faire de la recherche. Complète leur conversation avec la bonne forme du verbe **ouvrir.**

Lili   Alors, à quelle heure est-ce que le CDI (1)_____ ?

Hugo   En général, il (2)_____ à 7h30, mais puisque *(since)* nous

sommes samedi, il (3)_____ plus tard.

Lili   Ah, voici M. Trotin. Pardon, monsieur, est-ce que vous

(4)_____ le CDI bientôt?

M. Trotin   Oui mademoiselle, je l'(5)_____ tout de suite.

25 Déchiffre les phrases ou questions suivantes. Mets les verbes au temps approprié selon le contexte.

1. me / mes parents / l'année dernière / offrir / nouveau / ordinateur

_____

2. faire une recherche / ça / que / deux heures / Loïc / faire

_____

3. vous / la cantine / ouvrir / à quelle heure / est-ce que

_____

4. il y a / être / le laboratoire / ouvert / que / trente minutes

_____

5. offrir / à Charlotte / aller / tu / qu'est-ce que / son anniversaire / pour

_____

Une journée typique

1 Choisis les éléments de la boîte dont *(of which)* on a besoin pour faire les activités suivantes. Certaines activités peuvent avoir plus d'une réponse.

le miroir	**le maquillage**	**le rasoir**	**la crème à raser**
la brosse à dents	**le dentifrice**	**le lavabo**	**le savon**
le rouge à lèvres	**la baignoire**	**le mascara**	**la brosse**
la serviette de toilette	**le sèche-cheveux**	**le peigne**	

MODÈLE se peigner **le peigne**

1. se brosser les cheveux _____

2. se raser _____

3. prendre un bain _____

4. se brosser les dents _____

5. se sécher les cheveux _____

6. se maquiller _____

2 Regarde chaque groupe d'activités et choisis la lettre de l'activité qu'on doit faire en premier.

_____ 1. a. se réveiller
b. prendre un bain
c. s'habiller
d. s'en aller

_____ 2. a. se maquiller
b. s'habiller
c. prendre une douche
d. mettre du déodorant

_____ 3. a. se peigner
b. se laver les cheveux
c. se sécher les cheveux
d. s'en aller

_____ 4. a. se brosser les dents
b. se lever
c. s'en aller
d. prendre le petit-déjeuner

3 Ton ami François te parle de sa routine du matin. Lis chaque phrase et indique si elle est logique (**L**) ou illogique (**I**).

_____ 1. Je prends une douche en premier et ensuite je me lève.

_____ 2. Je me rase en premier et ensuite je m'habille.

_____ 3. Je me lave les cheveux en premier et ensuite je me sèche.

_____ 4. Je me brosse les dents en premier et ensuite je prends mon petit-déjeuner.

_____ 5. Je mets du déodorant en premier et ensuite je prends un bain.

_____ 6. Je me prépare en premier et ensuite je m'en vais.

4 Tu viens de recevoir une lettre de ta correspondante, Virginie. Elle te dit ce qu'elle fait chaque matin avant d'aller à l'école. Complète sa lettre avec les mots de la boîte.

avant de	ensuite	chaque	tous les deux
en premier	pendant que	en même temps que	

> *lundi, le 15 mai*
>
> *Salut!*
>
> *Je vais te raconter ma routine du matin. (1) _____*
>
> *matin je me lève à 6h30. Je prends toujours un bain*
>
> *(2) _____ prendre mon petit-déjeuner. Je me lave les*
>
> *cheveux (3) _____ jours. Je prends mon petit-déjeuner*
>
> *(4) _____ et (5) _____ je me*
>
> *coiffe. Je m'habille (6) _____ mon petit frère prend*
>
> *une douche. Je bois mon chocolat chaud (7) _____ je*
>
> *me maquille.*
>
> *Et toi, quelle est ta routine du matin?*
>
> *À bientôt!*
>
> *Virginie*

5 Écris une réponse à la lettre de Virginie. Raconte-lui ta routine. Ta lettre doit comprendre *(include)* au moins sept activités que tu fais chaque matin.

_____

_____

_____

_____

_____

_____

_____

6 Hélène fait un sondage au sujet de la routine de ses amis. Regarde chaque dessin, puis écris une réponse logique à la question d'Hélène.

MODÈLE   1.   2.   3.   4.

Hélène   Marielle, qu'est-ce que tu fais en premier chaque matin?

Marielle **Je me lève en premier.**

Hélène   Alors, Ahmed, tu fais quoi avant de t'habiller?

Ahmed   (1) _____

Hélène   Christine, tu prends ton petit-déjeuner en premier et qu'est-ce

que tu fais ensuite?

Christine (2) _____

Hélène   Jordan, que fais-tu en même temps que tu te prépares à t'en aller?

Jordan   (3) _____

Hélène   Et toi, Francine, tu fais quoi pendant que ta sœur se maquille?

Francine (4) _____

7 Comment pourrais-tu exprimer *(express)* ton impatience dans les situations suivantes?

MODÈLE   Il est 8h. Ta sœur ne s'est pas encore habillée. Ses cours
commencent à 8h30. **Tu vas être en retard!**

1. Ta famille et toi, vous allez manger au restaurant. Tout le monde est prêt.

   _____

2. Tu rentres chez toi après l'école, mais ton petit frère s'arrête plusieurs fois pour regarder les insectes par terre *(on the ground)*.

   _____

3. Tu vas à une boum qui commence à 20h. Il est 19h45 et ton amie ne s'est pas encore séché les cheveux.

   _____

Une journée typique

Reflexive verbs

- You use a reflexive verb when the subject of the verb both performs and receives the action of the verb. You can identify a reflexive verb by the reflexive pronoun that precedes it.

    Elle **se lave** les cheveux.   *She is washing **her** hair.*
    Elle **lave** la voiture.   *She is washing the car.*

- To form a reflexive verb, you use the correct form of the verb with the reflexive pronoun that agrees with the subject. Below is the conjugation of the reflexive verb **se laver** *(to wash oneself).*

je *me* lave	nous *nous* lavons
tu *te* laves	vous *vous* lavez
il/elle/on *se* lave	ils/elles *se* lavent

    Je me rase pendant que mon frère **s'habille.**

---

8 Choisis la lettre de la forme correcte du verbe pour compléter chaque phrase.

_____ 1. Est-ce que tu _____ ou _____ les cheveux?
    a. te peignes/te brosses b. se peigne/se brosse c. me peigne/me brosse

_____ 2. Nous _____ avant de nous coiffer.
    a. nous habiller   b. s'habille   c. nous habillons

_____ 3. Je _____ les dents pendant que Pierre _____.
    a. me brosse/m'habille b. se brosse/s'habille c. me brosse/s'habille

_____ 4. Étienne _____ avant de _____.
    a. me rase/m'habiller   b. se rasent/s'habiller c. se rase/s'habiller

9 Écris une réponse à chaque question selon les indices entre parenthèses.

MODÈLE Mireille, à quelle heure est-ce que tu te réveilles le samedi? *(9h30)*
    Je me réveille à 9h30.

1. Laure et Jeanne, vous vous maquillez avant de vous habiller? *(non)*

    _____

2. Est-ce que Youssef se rase en premier chaque matin? *(se brosser les dents)*

    _____

3. Nora, est-ce que tu te laves les cheveux tous les soirs? *(tous les deux jours)*

    _____

Tout, tous, toute, toutes

- You use a form of the adjective **tout** to say *all* or *whole*. The form you use will agree in number and gender with the noun it describes.

	Singular	Plural
Masculine	**tout**	**tous**
Feminine	**toute**	**toutes**

Toute la classe a raté l'interro.
The whole class failed the exam.

- The expression **tout le monde** means *everyone*. It uses the same verb form as **il** and **elle**.

Tout le monde est allé au match.

---

10 Récris les phrases suivantes en utilisant la forme appropriée de **tout**.

> **MODÈLE** Chaque garçon dans la classe est brun.
> **Tous les garçons dans la classe sont bruns.**

1. Chaque fille est en retard ce matin.

   _____

2. Chaque membre de ma famille a les yeux bleus.

   _____

3. Chaque personne prend une douche le matin.

   _____

4. Chaque garçon se rase tous les deux jours.

   _____

11 Ton ami Alexandre a une mauvaise habitude: il stéréotype tout le monde. Déchiffre ses phrases. Attention à la forme de **tout** et à la forme des verbes!

1. filles / tout / se maquiller / les / trop

   _____

2. garçons / aimer / les / faire du sport / tout

   _____

3. le monde / prendre / du café / tout / matin / chaque

   _____

APPLICATION 1

The verbs *s'appeler* and *se lever*

All forms of the reflexive verbs **s'appeler** *(to be named/called)* and **se lever** *(to get up)* have spelling changes, except for in the **nous** and **vous** forms.

	s'appeler	**se lever**
je	m'appe**lle**	me lève
tu	t'appe**lles**	te lèves
il/elle/on	s'appe**lle**	se lève
nous	nous appelons	nous levons
vous	vous appelez	vous levez
ils/elles	s'appe**llent**	se lèvent

---

12 Choisis la lettre de la forme correcte du verbe pour compléter chaque phrase ou question.

_____ 1. À quelle heure est-ce que tu _____ pendant la semaine?
   a. me lèves   b. te lèves   c. se lève

_____ 2. La nouvelle copine de Georges, elle _____ comment?
   a. s'appelle   b. t'appelles   c. m'appelle

_____ 3. Mes parents _____ tôt, mais vous _____ tard.
   a. me lève/vous levez   b. se lèvent/nous levons   c. se lèvent/vous levez

_____ 4. L'équipe de Guy s'appelle les Rats, mais nous _____ l'Orage.
   a. nous appellons   b. nous appelons   c. s'appellent

13 Ton ami Victor te rend visite et il te pose les questions suivantes. Réponds à ses questions avec des phrases complètes.

   1. Comment s'appelle ton/ta meilleur(e) ami(e)?

   _____

   2. Les membres de ta famille se lèvent à quelle heure le week-end?

   _____

   3. Comment s'appellent tes parents?

   _____

   4. Tu te lèves à quelle heure pour aller à l'école?

   _____

54

Une journée typique

14 Lise décrit la journée typique de la famille de son amie Annette. Lis chaque phrase qui suit, puis choisis la lettre du dessin approprié.

_____ 1. Annette prépare son sac avant de partir pour l'école.

_____ 2. Annette et son petit frère, Jean, prennent le bus à 8h.

_____ 3. Après être rentré de l'école, Jean range ses affaires.

_____ 4. Annette se couche de bonne heure.

_____ 5. Luc, le grand frère d'Annette, fait ses devoirs.

_____ 6. Annette s'endort avant que Luc finisse ses devoirs.

a.

b.

c.

d.

e.

f.

15 Ton ami Gérard est très fatigué parce qu'il s'est couché trop tard. Tu lui demandes ce qu'il a fait hier soir, mais ses réponses sont bizarres! Récris chaque phrase logiquement.

MODÈLE Après le dîner, j'ai rangé mon frère. **Après le dîner, j'ai rangé mes affaires/je me suis occupé de mon frère.**

1. Avant de me mettre au lit, je me suis lavé le sac.

_____

2. Avant de me coucher, je me suis mis en devoirs.

_____

3. J'ai fait ma toilette et j'ai souhaité une bonne nuit à mes affaires.

_____

16 Tu interviewes ton ami pour un article que tu écris pour le journal de l'école *(school newspaper)*. Ton article est au sujet de la routine des adolescents. Pour chaque question, choisis la réponse la plus appropriée.

> **a. Après ça, je me lave la figure et je me brosse les dents.**
>
> **b. En général, je me lève de bonne heure.**
>
> **c. Je me couche à 10h30 au plus tard.**
>
> **d. Une fois que je suis rentré, je range mes affaires.**
>
> **e. D'habitude, le samedi et le dimanche je me mets au lit très tard.**

_____ 1. D'habitude, est-ce que tu te lèves tôt ou tard?

_____ 2. En général, à quelle heure est-ce que tu te couches le week-end?

_____ 3. Qu'est ce que tu fais quand tu arrives à la maison après l'école?

_____ 4. Après que tu finis tes devoirs, qu'est-ce que tu fais?

_____ 5. Pendant la semaine, à quelle heure est-ce que tu te mets au lit?

17 Écris une lettre à ton/ta correspondant(e). Décris-lui ce que tu fais pendant une journée et une soirée typiques. Décris tes activités en utilisant les expressions de la boîte.

au plus tard	dans la journée	de bonne heure	le soir
tôt	une fois que	tard	après ça

_____

_____

_____

_____

_____

_____

_____

_____

_____

_____

18 Tu t'occupes de ton petit frère et de ta petite sœur. Lis chaque situation, puis choisis les mots de la boîte pour compléter les conseils que tu leur donnes.

Tu devrais	Va	Il est temps de
C'est l'heure de	Dépêche-toi	

1. Il est 9h15 et ton petit frère ne s'est pas encore brossé les dents.
   _____ te brosser les dents.

2. Ta petite sœur doit se laver la figure, mais elle traîne.
   _____ ! Il est déjà tard.

3. Ton petit frère ne veut pas se mettre en pyjama.
   _____ te mettre en pyjama avant de te coucher.

4. Ta petite sœur a oublié *(forgot)* d'éteindre *(turn off)* la télévision.
   _____ éteindre la télé et puis va te mettre en
   chemise de nuit.

5. Les enfants sont tous les deux fatigués et ils bâillent *(yawn)*.
   Mettez-vous au lit. _____ dormir.

19 Ton frère Alain est gentil, mais il est aussi un peu paresseux *(lazy)*. Complète les conversations suivantes avec des recommandations appropriées.

Alain Alors, je ne veux pas faire mes devoirs ce soir!

Toi (1) _____

Alain Il n'est que 8h15? Je vais dormir quinze minutes de plus, puis
je me lève.

Toi (2) _____

Alain Le bus arrive dans 5 minutes? Je dois encore me raser et me brosser
les dents.

Toi (3) _____

Alain Il est temps d'aller au travail et je ne me suis pas encore habillé.

Toi (4) _____

Alain Je n'ai pas encore rangé mes affaires, mais je vais d'abord faire
une petite sieste.

Toi (5) _____

Une journée typique

Reflexive verbs in the *passé composé*

• You use **être** as the helping verb for all reflexive verbs in the **passé composé.**

Il **s'est levé** tard parce qu'il **s'est couché** tard.

• In general, the past participle of a reflexive verb agrees in gender and number with the reflexive pronoun and the subject. You can see this in the following example of the verb **se lever** *(to get up):*

je **me suis levé(e)**	nous **nous sommes levé(e)s**
tu **t'es levé(e)**	vous **vous êtes levé(e)(s)**
il/elle/on **s'est levé(e)(s)**	ils/elles **se sont levé(e)s**

Babette s'est couch**ée** tard, mais Vincent s'est couch**é** tôt.

• The past participle of a reflexive verb agrees with the reflexive pronoun *only* when the reflexive pronoun is the **direct object** of the verb. A good clue to this is to look for another direct object in the sentence.

Aurélie s'est lav**ée.** (Aurélie washed *herself.* **Se** is the direct object, so the past participle agrees.)

Aurélie s'est lav**é** la figure. (Aurélie washed *her face.* **la figure** is the direct object, so there is no agreement.)

---

20 Tes camarades de classe parlent de ce qu'ils ont fait hier soir avant de s'endormir. Complète les phrases au passé composé avec les verbes entre parenthèses. Attention aux participes passés et aux objets directs.

1. Mon petit frère et moi, nous _____ (se brosser) les dents avant de nous coucher.

2. Alice _____ (se laver) les cheveux et puis elle _____ (se mettre) en chemise de nuit.

3. Joël _____ (se raser) avant de _____ (se laver) la figure.

4. Les parents de Karim _____ (se coucher) très tôt, mais ses sœurs _____ (se mettre) au lit à minuit.

21 Décris ce que les membres de ta famille ont fait avant de s'endormir hier soir. Utilise autant de *(as many)* verbes réfléchis *(reflexive)* que possible.

_____

_____

_____

Commands with reflexive verbs

- To make an **affirmative command** with a reflexive verb, attach the reflexive pronoun to the *end* of the verb with a hyphen. The pronoun **te** changes to **toi** with imperatives.

Couche-**toi**!	*Go to bed!*
Asseyez-**vous**!	*Sit down!*
Préparons-**nous**!	*Let's get ready!*

- To make a **negative command** with a reflexive verb, place the reflexive pronoun immediately *before* the verb.

Ne **te couche** pas tard!	*Don't go to bed late!*
Ne **vous asseyez** pas encore!	*Don't sit down yet!*
Ne **nous levons** pas encore!	*Let's not get up yet!*

---

22 L'infirmière de ton lycée donne des conseils de santé aux élèves. Complète ses conseils avec l'impératif des verbes entre parenthèses.

1. Salim, pour éviter *(avoid)* les infections, _____ *(se laver)* les mains régulièrement.

2. Noëlle et Jérémy, pour éviter la fatigue, _____ *(se reposer)* un peu avant d'aller à l'entraînement.

3. Thuy, pour éviter la grippe *(flu)*, _____ *(se sécher)* bien les cheveux avant de sortir quand il fait froid.

4. Laure et Raynald, pour bien dormir, ne _____ *(s'endormir)* pas devant la télévision.

5. Pour éviter d'avoir faim, _____ *(se dépêcher)* tous d'aller à la cantine maintenant!

23 Tes amis te font confiance *(trust)* et te demandent toujours des conseils. Lis les situations suivantes, puis donne-leur des conseils. Mets tes suggestions à l'impératif.

1. Loïc est très fatigué chaque jour après l'école.

   _____

2. Antoine et Luc sont toujours en retard parce qu'ils se lèvent trop tard.

   _____

3. Julie s'endort en classe parce qu'elle ne s'est pas couchée de bonne heure.

   _____

Reflexive verbs with infinitives

• When you use a reflexive verb in the infinitive form in a sentence, remember to use the reflexive pronoun that agrees with the subject.

   J'aime **me** coucher tôt, mais Annick préfère **se** coucher tard.

• You can form the immediate future by using a present tense form of the verb **aller** with the reflexive pronoun plus an infinitive.

   Est-ce que nous **allons nous lever** tôt demain matin?

---

24 Jérôme pense à ce qu'il veut faire et à ce qu'il doit faire ce week-end. Déchiffre ses pensées *(thoughts)* et mets les verbes aux formes appropriées.

   1. Margot et moi / s'occuper de / devoir / mon petit frère

   _____

   2. vouloir / je / dimanche / faire une sieste / après-midi

   _____

   3. vouloir / se retrouver / au café / ma copine et moi

   _____

   4. je / tard / samedi soir / se coucher / devoir / ne pas

   _____

   5. me raser / avant de / je / devoir / sortir

   _____

25 Écris un e-mail à ton/ta correspondant(e) dans lequel *(in which)* tu décris ce que tu vas faire ce week-end. Utilise au moins cinq verbes réfléchis de la boîte dans ton e-mail.

se lever	**se coucher**	**s'amuser**
se laver	**se rencontrer**	**s'occuper**
se brosser	**s'habiller**	**s'endormir**

   _____

   _____

   _____

   _____

   _____

Le bon vieux temps

1 Lili et Thomas parlent de ce qu'ils aimaient faire quand ils étaient petits. Choisis la lettre de l'activité qui correspond à chaque dessin.

a. jouer au ballon	**b. jouer à la poupée**	**c. jouer aux dames**
d. grimper aux arbres	**e. faire des châteaux de sable**	**f. faire de la balançoire**

1. _____   2. _____   3. _____

4. _____   5. _____   6. _____

2 Ton petit cousin, Lucas, organise une boum pour son anniversaire ce week-end. Tu as envoyé un e-mail à sa mère pour lui demander ce que tu pourrais offrir à Lucas comme cadeau. Certains mots de sa réponse sont brouillés *(scrambled)*. Déchiffre-les pour découvrir ses suggestions.

> Salut!
>
> Lucas aime beaucoup de choses. D'abord, il aime
>
> (1) _____ (nectollcerion) les cartes de base-ball.
>
> Il aime aussi (2) _____ (rojeu xua silbel). Il
>
> adore regarder des (3) _____ (sinedss miansé).
>
> Comme tous les petits garçons, Lucas aime beaucoup jouer au
>
> (4) _____ (natir quelectrié) et aussi aux
>
> (5) _____ (septite trouvsie).
>
> Gros bisous,
>
> Tante Mélanie

VOCABULAIRE 1 CHAPITRE **6**

3 Voici quelques descriptions de ce que tes amis aiment et n'aiment pas. Selon les descriptions, devine ce qu'ils aimaient et n'aimaient pas faire quand ils étaient petits.

> **MODÈLE** Kevin a peur *(afraid)* des animaux.
> **Il n'aimait pas aller au zoo.**

1. Julie n'aime pas beaucoup regarder la télévision.

   _____

2. Marc adore aller au bord de la mer.

   _____

3. Hélène n'aime pas du tout faire de l'exercice.

   _____

4. Louisa aime beaucoup jouer aux jeux de société *(board games)*.

   _____

5. Alexandre aime beaucoup aller au parc avec ses petits frères.

   _____

4 Pense aux activités que tu aimais faire quand tu étais plus jeune. Réponds aux questions suivantes avec une phrase complète.

1. Quand tu étais petit(e), quelles sortes de jeux est-ce que tu aimais?

   _____

2. Quand tu étais petit(e), quels étaient tes jouets *(toys)* préférés?

   _____

3. Quand tu avais 8 ans, qu'est-ce que tu aimais faire dehors *(outside)?*

   _____

4. Quand tu étais petit(e), qu'est-ce que tu aimais faire quand tu allais au parc?

   _____

5. Qu'est-ce que tu collectionnais quand tu avais 10 ans?

   _____

6. Qu'est-ce que tu aimais faire quand tu avais 5 ans? Et quand tu avais 10 ans?

   _____

   _____

5 Ta grand-mère te raconte une histoire de sa jeunesse. Mets les événements de son histoire dans le bon ordre.

_____ Heureusement, la petite souris brune était trop rapide. Elle a couru *(ran)* et elle a sauté *(jumped)* dans la poche de ma robe.

_____ Finalement, Doucette et moi, nous sommes devenues meilleures amies. Elle jouait aux dames avec moi et elle dormait dans mon lit.

_____ À ce moment-là, mon chat Figaro est entré et il a essayé de la manger.

_____ Un jour, pendant que je jouais à la poupée, j'ai vu une petite souris brune.

_____ Alors que je la regardais, elle m'a dit «Bonjour! Comment tu t'appelles? Moi, je m'appelle Doucette».

6 Ton ami Grégoire a fait un rêve *(dream)* bizarre hier soir et il te le raconte. Choisis les mots de la boîte qui complètent son histoire.

finalement	alors que (qu')	pendant que
heureusement		à ce moment-là

1. Voici mon rêve. Un jour, _____ je grimpais aux arbres, j'ai vu un elfe qui dormait sur une branche.

2. _____ il ronflait *(snored),* des pièces d'or sont tombées de sa poche.

3. _____, je suis descendu de l'arbre et j'ai vite ramassé tout l'or.

4. _____, l'elfe ne s'est pas réveillé.

5. _____, je suis allé au magasin de jouets et j'ai acheté cent mille billes!

7 Raconte une histoire amusante ou bizarre qui t'est arrivée quand tu étais petit(e). Si tu veux, tu peux raconter une histoire imaginaire. Utilise les mots de la boîte de l'activité 6.

_____

_____

_____

_____

_____

_____

Le bon vieux temps

The *imparfait*

- You use the **imparfait** to tell how things *were* or what *used to happen over and over* in the past. You form the stem of the **imparfait** by dropping the **-ons** from the present tense **nous** form and add the appropriate endings, as shown below:

	parler	**finir**	**vendre**
je parl**ais**	finiss**ais**	vend**ais**
tu parl**ais**	finiss**ais**	vend**ais**
il/elle/on parl**ait**	finiss**ait**	vend**ait**
nous parl**ions**	finiss**ions**	vend**ions**
vous parl**iez**	finiss**iez**	vend**iez**
ils/elles parl**aient**	finiss**aient**	vend**aient**

Verbs like **manger** and **commencer** that have spelling changes in the **nous** form keep these changes in all but the **nous** and **vous** forms.

je commen**ç**ais   nous commencions

- The only verb with an irregular stem in the **imparfait** is the verb **être: ét-**
Quand j'**étais** petit, j'**étais** très sérieux.

---

8 Tes amis et toi parlez de ce que vous aimiez faire quand vous étiez petits.
Complète chaque phrase ou question avec la forme appropriée du verbe entre parenthèses. Mets les verbes à l'imparfait.

1. Quand nous _____ *(être)* jeunes, mon frère et moi, nous

   _____ *(aimer)* jouer au train électrique.

2. Khalil, est-ce que tu _____ *(jouer)* au ballon ou est-ce que tu

   _____ *(préférer)* regarder des dessins animés?

3. Hubert et toi, est-ce que vous _____ *(faire)* du manège et

   de la balançoire quand vous _____ *(aller)* au parc?

4. Moi, je (j') _____ *(adorer)* jouer à chat perché et quand je

   (j') _____ *(aller)* au bord de la mer, je _____ *(faire)*
   des châteaux de sable.

5. Est-ce que Marianne _____ *(sauter)* à la corde ou est-ce

   qu'elle _____ *(préférer)* jouer à la marelle?

6. Jordan et Mia _____ *(vendre)* des petits gâteaux et
   ils _____ *(gagner)* beaucoup d'argent.

The *passé composé* and the *imparfait*

• In French, you use both the **passé composé** and the **imparfait** to talk about past events.

• In general, you use the **imparfait** to tell how things *were* or what *used to happen* over and over.

          Quand j'**étais** petit, je **grimpais** toujours aux arbres.

You can also use the imparfait to give descriptions.

          Il **faisait** si chaud l'été dernier et il n'y **avait** pas de pluie.

• You use the **passé composé** to tell specifically what *happened* or what someone *did* in a set period of time.

          L'été dernier je **suis allé** à la montagne et je **me suis perdu**.

---

9 Hier, tu t'es occupé(e) de tes trois cousins, Madeleine, Matthieu et Michel. Ce sont des enfants très actifs. Complète les phrases suivantes avec le passé composé ou l'imparfait des verbes entre parenthèses.

    1. Il _____ (faire) si beau que les trois enfants _____ (rester) dehors pendant toute la journée.

    2. Pendant que Michel _____ (grimper) à l'arbre, il _____ (voir) un écureuil *(squirrel)*.

    3. Madeleine et moi, nous _____ (faire de la balançoire) pendant que Michel et Matthieu _____ (faire) du manège.

    4. Matthieu et Michel _____ (jouer) au football pendant que Madeleine _____ (jouer) à la marelle.

    5. Le soir, Madeleine, Michel et Matthieu _____ (être) si fatigués qu'ils _____ (s'endormir) à 7h00!

10 Récris les phrases suivantes au passé. Attention aux verbes et utilise le passé composé ou l'imparfait.

    1. Il fait si beau que je vais au bord de la mer.

    _____

    2. Je collectionne des coquillages et je les donne à ma mère.

    _____

    3. Je fais des châteaux de sable pendant que ma sœur fait de la natation.

    _____

Adverb placement

• Adverbs that tell how much, how often, or how well someone does something are generally placed *after* the verb.

> J'aime **beaucoup** me promener, mais je vais **rarement** au parc.

• **Comme ci comme ça, quelquefois** and **de temps en temps** are exceptions to the rule above. Note their placement:

> **comme ci comme ça**   end of the clause
> **de temps en temps**   beginning or end of the clause
> **quelquefois**   beginning or end of the clause or
>   after the verb

> Je joue aux billes **comme ci comme ça.** Je joue avec mon cousin
> **de temps en temps.** Je gagne **quelquefois,** mais pas souvent.

• Adverbs of time **(hier, maintenant),** most adverbs ending in **-ment,** and most other adverbs are placed at the beginning or at the end of the sentence.

> **Hier,** je suis allé au parc avec ma petite sœur.

---

11 Ton père te raconte une histoire de sa jeunesse. Déchiffre les phrases suivantes. Attention aux adverbes et au temps des verbes.

1. je / être / souvent / jouer aux billes / quand /petit / mon frère / avec / je

   _____

2. mon frère / bien / beaucoup / il / jouer / gagner / et

   _____

3. quelquefois / tricher *(to cheat)* / il / et / voler *(to steal)* / une fois / mes billes / il

   _____

4. il / me / plus tard / dire / une farce / que / ce / être

   _____

12 Réponds aux questions suivantes avec une phrase complète.

1. Quand tu étais petit(e), est-ce que tu jouais souvent à la poupée?

   _____

2. Est-ce que tu jouais bien aux dames ou pas?

   _____

3. Est-ce que tu faisais souvent des châteaux de sable?

   _____

Le bon vieux temps

13 En allant à la ferme de tes grands-parents, ta sœur et toi avez inventé un jeu dans lequel *(in which)* une personne décrit un animal qui habite à la ferme et l'autre personne essaie de deviner le nom de l'animal. Choisis le nom de l'animal d'après chaque description.

un âne	**un cochon**	**un canard**
un cheval	**un lapin**	**une vache**
une chèvre	**un mouton**	

1. Cet animal aime beaucoup faire de la natation. _____

2. Cet animal adore jouer dans la boue *(mud)*. _____

3. Cet animal donne beaucoup de lait qu'on peut boire. _____

4. Ce petit animal a de longues oreilles et aime les carottes. _____

5. On fait du fromage avec son lait et ce n'est pas une vache. _____

6. On fait des vêtements avec la laine de cet animal. _____

7. Cet animal a de longues oreilles et il peut être têtu *(stubborn)*. _____

8. On peut monter sur le dos *(back)* de cet animal. _____

14 Tu viens d'arriver à la ferme de tes grands-parents. Ton grand-père te montre tous ses animaux. Déchiffre le nom de chaque animal, puis écris la lettre de l'endroit où cet animal habite. Tu peux utiliser le même endroit plus d'une fois.

_____ 1. neltoomu _____

_____ 2. pellauo _____

_____ 3. chelnooc _____

_____ 4. chevalla _____

_____ 5. valeach _____

_____ 6. chevalèr _____

a. la prairie
b. la grange
c. la basse-cour
d. le champ

15 Lis les phrases suivantes au sujet de la vie à la ferme. Indique si chaque phrase est logique (**L**) ou illogique (**I**).

_____ 1. Les lapins sont plus bruyants que les poulets.

_____ 2. Le tracteur est une machine utile *(useful),* mais il est aussi dangereux.

_____ 3. J'adore les œufs qu'on a ramassés chez les cochons.

_____ 4. Pendant la journée, le cheval est au champ; le soir, il est dans la grange.

16 L'été dernier, Pierre a rendu visite à ses cousins qui habitent à la campagne. Pierre et toi, vous comparez la vie en ville et la vie à la campagne. Complète votre conversation avec les mots qui conviennent.

autant	**c'est moins**	**plus**
différent(e) de		**il y a plus de**

Toi   Dis Pierre, la vie à la campagne est-elle très

(1) _____ la vie en ville?

Pierre   Oui, il y a beaucoup de différences. La vie à la campagne,

(2) _____ stressant que la vie ici.

Toi   Est-ce que (qu') (3) _____ bruit ici qu'à la campagne?

Pierre   Non, il y a (4) _____ de bruit qu'à la ville, mais les bruits

sont différents. Les animaux sont très bruyants!

Toi   Alors, qu'est-ce que tu préfères le plus: la vie ici ou la vie à la

campagne?

Pierre   L'eau et l'air, ici, sont (5) _____ pollués qu'à la campagne.

Je préfère la campagne.

17 Ton petit cousin habite à la campagne et il n'a jamais été à la ville. Il a ses propres *(own)* idées sur la vie en ville. Récris chaque phrase pour la rendre plus logique.

1. Il y a plus de poulets en ville qu'à la campagne.

_____

2. La ville, c'est moins bruyant que la campagne.

_____

3. Il y a autant de chevaux *(horses)* en ville qu'à la campagne.

_____

4. La vie en ville n'est pas très différente de la vie à la campagne.

_____

5. L'eau en ville est plus pure que l'eau à la campagne.

_____

6. La vie à la campagne est aussi tranquille que la vie en ville.

_____

18 Imagine que tu viens de revenir de la ferme de ta grand-mère. Écris une lettre à ton/ta correspondant(e) et fais une comparaison entre la vie à la campagne et la vie en ville.

_____

_____

_____

_____

_____

_____

_____

19 Ton amie Julie est allée à la ferme de son amie Christelle cet été. Elle t'a envoyé l'e-mail suivant, mais il manque des mots. Complète son e-mail avec les mots qui conviennent.

ce qui était	tellement
il y avait	ce qui me manque

Salut!

Je viens de revenir de ma visite chez Christelle. C'était incroyable! La vie à la campagne, c'était (1) _____ calme et tranquille. Tous les animaux étaient vachement chouettes *(cool)*! (2) _____ deux chevaux, trois chèvres, vingt moutons et un âne. (3) _____ surprenant, c'était que les animaux sont bruyants! On a bien mangé là-bas. (4) _____, ce sont les œufs frais, l'eau pure et le fromage de chèvre.

À plus tard,

Julie

20 Imagine que tu as toujours habité à la campagne, mais tu viens de déménager *(move)* en ville. Fais une description de ta vie à la campagne.

_____

_____

_____

_____

Le bon vieux temps

The comparative with adjectives and nouns

• You can use the following expressions with adjectives to compare people, places, or things. Remember to make the adjective agree with the noun in gender and number. There is no agreement with the expression **c'est.**

plus + adjective + **que**	*more . . . than*
aussi + adjective + **que**	*as . . . as*
moins + adjective + **que**	*less . . . than*

La poule est **plus** bruyant*e* **que** le lapin.
La chèvre est **aussi** têtu*e* **que** l'âne.
La ville est **moins** tranquille **que** la campagne.

• You can also compare nouns with **plus de, moins de,** and **autant de** before the noun. This is usually done when comparing quantities. Remember to use **que (qu')** to continue the comparison.

Il y a **autant de** chèvres **que** de moutons.

---

21 Ton petit frère a trois ans et il te pose beaucoup de questions. Réponds à ses questions logiquement.

1. Est-ce qu'une poule est plus grosse qu'une vache?

   _____

2. Est-ce qu'un poulet est moins bruyant qu'un canard?

   _____

3. Est-ce qu'un village est aussi grand qu'une ville?

   _____

4. Est-ce qu'il y a plus d'ânes en ville qu'à la campagne?

   _____

22 Pour chaque paire d'animaux, fais une comparaison appropriée entre les deux. Attention à l'accord des adjectifs.

MODÈLE le lapin/le cochon **Le lapin est plus timide que le cochon.**

1. le mouton/la chèvre _____

2. le cheval/l'âne _____

3. le lapin/le canard _____

4. la poule/le mouton _____

5. le cheval/la chèvre _____

Cahier de vocabulaire et grammaire

The superlative with adjective

• You can use the following to say, *the least,* or *the most.* Just as with the comparative, the adjective must agree in gender and number with the noun.

> **le (l')**
> **la (l')**   **plus/moins** + adjective + **de**
> **les**

• This structure changes depending on whether the adjective goes before or after the noun.

> Hercule est le cheval **le plus rapide de** la région.
> C'est aussi **le plus vieux** cheval **de** la région.

23 M. Lacharrue est un fermier qui est très fier *(proud)* de sa ferme. En fait, il pense que sa ferme est la meilleure ferme de la région. Trouve la fin de chaque phrase de la colonne de gauche dans la colonne de droite.

_____ 1. Mes poules sont les poules…

_____ 2. La ferme de M. Pigueboeuf est la ferme…

_____ 3. Mes moutons sont les moutons…

_____ 4. Mon cochon Sergent est le cochon…

> a. les plus laineux *(wooly)* de la région.
> b. les plus belles de la région.
> c. la plus sale de la région
> d. le moins sale de la région

24 Imagine que tu interviewes M. Piquebœuf, le voisin *(neighbor)* de M. Lacharrue. M. Piquebœuf, lui aussi, est très fier de sa ferme. Écris ses réponses aux questions suivantes.

> **Toi**   Est-ce que votre ferme est la ferme la plus sale de la région?

M. Piquebœuf (1)_____

> **Toi**   Est-ce que votre âne est l'âne le plus têtu de la région?

M. Piquebœuf (2)_____

> **Toi**   Et votre grange, comment est-elle comparée aux autres?

M. Piquebœuf (3)_____

> **Toi**   Et votre tracteur, il est comment comparé aux autres?

M. Piquebœuf (4)_____

Irregular comparatives and superlatives

• The comparative and superlative forms of the adjectives **bon** and **mauvais** are irregular.

good	*better*	*best*
bon(ne)(s)	**meilleur(e)(s)**	**le (la, les) meilleur(e)(s)**

bad	*worse*	*the worst*
mauvais(e)(s)	**pire(s)**	**le (la, les) pire(s)**

              Pour le lait, les chèvres sont **meilleures** que les vaches.

• The expression **moins bon(ne)(s)** is often used instead of **pire(s)**.

              Mais non, le lait de chèvre est **pire/moins bon** que le lait de vache.

• **Meilleur(e)(s)** and **pire(s)** always go before the noun.

              L'hiver que j'ai passé à la ferme de mon oncle était **le pire** hiver de ma vie.

25 Complète les phrases suivantes avec les comparatifs et les superlatifs de la boîte.

meilleurs	moins bon	meilleur
le plus mauvais	la pire	pire

1. La qualité de l'air dans les grandes villes est _____ du monde.

2. Les légumes frais sont _____ pour la santé que les légumes en boîte.

3. Pour le travail de la ferme, l'âne est _____ que le tracteur.

4. Juillet est _____ mois pour travailler dehors.

5. Le lait de notre vache est _____ que le lait de la vache de ma tante.

6. Le cochon d'Émilie est _____ que le cochon de Julien.

26 Utilise le superlatif ou le comparatif des adjectives **bon** ou **mauvais** pour décrire les choses suivantes.

1. la vie en France/la vie aux USA

_____

2. le football américain/le base-ball

_____

3. un film que tu as vu récemment *(recently)*

_____

Un week-end en plein air

1 Karim et Ahmed vont faire du camping ce week-end. Ils rassemblent *(gather)* toutes les choses dont ils ont besoin. Devine l'objet qu'on décrit, puis retrouve-le dans le casse-tête.

1. Cet objet t'aide à allumer un feu _____

2. On peut mettre de l'eau dans cet objet _____

3. On utilise cet objet pour faire cuire les repas _____

4. Cet objet t'aide à ne pas te perdre *(get lost)* _____

5. On l'utilise pour nettoyer les blessures *(injuries)* _____

6. C'est une source de lumière quand on campe _____

7. On dort à l'intérieur quand on fait du camping _____

```
G A S Q É E B B O L R P B
O T H C V I O Â L X N R O
U N A B A R M R A I J L U
R É C R N F E É N A N T S
D É S I N F E C T A N T S
E G L Q E R A H E E Y M O
T U S U I É U A R R N I L
A D L E A Z V U N F B T E
R M O T S T I D E A I R E
```

2 Ton ami Bruno et toi, vous allez camper ce week-end au bord de la mer. Bruno t'a envoyé l'e-mail suivant pour te rappeler *(remind)* ce qu'il faut emporter. Choisis les mots de la boîte qui complètent son e-mail.

boîte d'allumettes	**lotion anti-moustiques**	**bouteille isotherme**
boîtes de conserve	**trousse de premiers soins**	**allumer**

J'ai presque toutes les affaires dont on a besoin, mais il y a encore des choses qui manquent. D'abord, pense à emporter une
(1) _____ pour (2) _____ le feu. N'oublie pas ta (3) _____ pour notre café. On a aussi besoin de (4) _____, je préfère les fruits et les haricots verts. Enfin, pense à emporter la
(5) _____ pour se protéger des moustiques.

3 Laure fait du camping avec ses amies pour la première fois de sa vie. Elle ne sait pas trop bien ce qu'elle fait. Lis chaque phrase, puis récris-la pour la rendre plus logique.

1. Je ne peux pas faire un feu de camp parce que je n'ai pas de boussole.

    _____

2. Comme je déteste les moustiques, je dois mettre du désinfectant!

    _____

3. Il y a du soleil aujourd'hui; je dois mettre de la lotion anti-moustiques.

    _____

4. Je ne peux pas faire cuire le dîner parce que je n'ai pas de lampe de poche.

    _____

4 Carole vient de rentrer de vacances. Elle a fait du camping à la montagne et elle te raconte ses aventures. Complète son histoire avec les mots de la boîte.

alors	bref	figure-toi que	heureusement	à ce moment-là

1. _____ pendant que je faisais du camping, j'ai décidé de faire une randonnée.

2. _____, à mi-chemin *(half-way)* de ma randonnée, je me suis rendue compte *(realized)* que je n'avais pas pris de boussole.

3. Je me suis perdue mais _____, j'ai rencontré un garde forestier *(park ranger)*.

4. _____, il avait une boussole!

5. _____, la prochaine fois, j'emporterai une boussole!

5 Qu'est-ce qu'il t'est arrivé la dernière fois que tu as fait du camping ou une randonnée? Ton histoire peut être vraie ou imaginaire.

_____

_____

_____

_____

_____

_____

6 Tu viens de recevoir une lettre de ton correspondant Mario. Il vient de rentrer de vacances avec sa famille. Combine les phrases suivantes de sa lettre avec les mots entre parenthèses.

> **MODÈLE** J'allumais un feu. Un ours *(bear)* est arrivé au terrain de camping. *(je venais de)*
> **Je venais d'allumer un feu de camp quand un ours est arrivé.**

1. Je faisais un feu de camp. Il a commencé à pleuvoir. *(au moment où)*

   _____

2. Je montais la tente. Marie est tombée dans l'eau. *(j'étais en train de)*

   _____

3. J'attrapais un poisson. Ma mère m'a appelé pour dîner. *(je venais de)*

   _____

4. Nous nous couchions. L'ours est revenu. *(nous étions sur le point de)*

   _____

5. Mon père avait allumé le réchaud. L'ours a mangé tout le poisson. *(mon père venait de)*

   _____

7 Écris une histoire (vraie ou imaginaire) dans laquelle tu décris une rencontre que tu as faite avec un animal sauvage *(wild)*. Voici quelques exemples d'animaux sauvages que tu peux utiliser.

un lion	**un ours**	**un raton laveur** *(raccoon)*
un tigre	**un serpent** *(snake)*	**une tarentule** *(tarantula)*

_____

_____

_____

_____

_____

_____

_____

_____

Un week-end en plein air

The *passé composé* and the *imparfait*
- You have already learned to use the **passé composé** to tell *what happened.*
- You also know to use the **imparfait** to tell what things *used to be like* and *what people used to do.* Here are some other ways to use these tenses:

Use the **imparfait** to:	Use the **passé composé** to:
give background information	tell what happened on a specific occasion
set the scene, explain the circumstances	tell the sequence of events (**d'abord, ensuite, etc.**)
explain what you used to do repeatedly, often after expressions like **souvent, tous les jours, d'habitude**	talk about a change or reaction to something, after words like **soudain** *(suddenly),* **à ce moment-là, au moment où**

Il y **avait** du soleil quand on **est parti** en vacances. D'abord, on **a trouvé** un terrain de camping. Ensuite, on **a fait** de la natation.

---

8 Complète les phrases suivantes avec l'**imparfait** ou le **passé composé** des verbes entre parenthèses.

1. Il _____ *(pleuvoir)* quand la famille de Marion _____ *(partir)* en vacances.

2. Marion _____ *(prendre)* une photo de Léa et de leur mère quand leur mère _____ *(tomber).*

3. Elles _____ *(trouver)* leur mère au fond *(bottom)* d'une petite vallée.

4. Julien _____ *(être)* sur le point d'aller chercher de l'aide quand un garde-forestier _____ *(arriver).*

9 Laurent te décrit ses dernières vacances. Déchiffre les phrases suivantes et mets les verbes à l'**imparfait** ou au **passé composé.**

1. nous / en vacances / l'année dernière / aller / à la montagne

   _____

2. je / chaque matin / aller à la pêche / papa / pendant / préparer le café

   _____

3. être / calme / la vie / à la montagne / tranquille / et / tellement

   _____

être en train de
- You can use the expression **être en train de (d')** to tell what someone is doing at a particular moment. Follow the expression with an infinitive.

    Il allume la lanterne.
    He is lighting the lantern.
    Il est **en train d'allumer** la lanterne.
    He is in the process of/the middle of lighting the lantern.

- You use the **imparfait** when using this expression to talk about the past.

    Il **était en train d'allumer** la lanterne quand il s'est brûlé le doigt.
    He was in the process of lighting the lantern when he burned his finger.

---

10 Ta famille et toi, vous faites du camping ce week-end et tout le monde a quelque chose à faire pour préparer le campement. Regarde chaque dessin, puis écris une phrase qui décrit ce que chaque personne est en train de faire.

MODÈLE   1.   2.   3.   4.

MODÈLE Je suis en train d'allumer la lanterne.

1. Monica _____

2. Mes parents _____

3. Alex et toi _____

4. Katie et moi _____

11 Un soir, quand Moïse et sa famille campaient dans la forêt, soudain, quelqu'un (ou quelque chose) a éteint *(blew out)* la lanterne! Écris une phrase qui décrit ce que chaque personne était en train de faire quand on a éteint la lanterne.

1. Moïse *(remplir sa gourde)* _____

2. Maman et Papa *(se coucher)* _____

2. Miriam *(nettoyer le réchaud)* _____

3. Aaron et moi *(chercher le briquet)* _____

Verbs with *être* or *avoir* in the *passé composé*

• Generally, the verbs **sortir, passer, monter,** and **descendre** use **être** as the helping verb in the passé composé. In this case, the past participle agrees with the subject.

> Maman est sort*ie* du supermarché et elle est mont*ée* dans la voiture.

• However, when these verbs have a direct object, you use **avoir** as the helping verb in the **passé composé**. Also, the past participle agrees with the *direct object* only if the direct object or direct object pronoun *precedes* the verb.

> On **a** monté **la tente.** On *l'***a** mont*ée*
>
> J'**ai** sorti **la lanterne** de la tente. Je *l'*ai sort*ie* de la tente.

---

12 Choisis le verbe ou les verbes approprié(s) pour compléter chaque phrase.

_____ 1. Luc _____ la tente de la voiture et Lucien l'_____.

    a. est descendu/a monté b. a descendu/a montée c. a descendu/est montée

_____ 2. Maman _____ le chien hier soir et je l'_____ ce soir.

    a. est sortie/suis sortie   b. a sortie/ai sortie   c. a sorti/ai sorti

_____ 3. Tu _____ une bonne soirée, Julie?

    a. es passée   b. as passée   c. as passé

_____ 4. Karim et François _____ dans le bus ici et Karim _____ dans la Rue St. Germain.

    a. ont monté/   b. a monté/   c. sont montés/
      a descendu   a descendu   est descendu

13 Réponds aux questions suivantes en utilisant les indices entre parenthèses. Utilise les pronoms d'objet direct quand nécessaire. Attention à l'accord du participe passé avec l'objet direct.

MODÈLE Est-ce que Paul t'a passé les boîtes de conserve? *(oui)* **Oui, il me les a passées.**

1. Est-ce que tu as déjà monté la tente? *(non)*

_____

2. Est-ce que Papa est descendu de la voiture? *(oui)*

_____

3. Jean et Marc, est-ce que vous avez déjà démonté la tente. *(oui)*

_____

Un week-end en plein air

14 Ta petite sœur vient de rentrer de colonie de vacances et elle parle de toutes les bêtes *(creatures)* qu'elle a vues. Pour chaque phrase, choisis la lettre du dessin approprié.

a.   b.   c.   d.   e.

_____ 1. La première journée, on a vu un grand serpent. J'ai eu peur!

_____ 2. Il y avait un oiseau de toutes les couleurs qui chantait chaque matin.

_____ 3. Un jour quand je nageais *(swimming),* j'ai vu une grosse grenouille.

_____ 4. Margot et moi, nous avons vu des tortues en faisant de la plongée.

_____ 5. Il y avait beaucoup d'insectes!

15 Ta famille va camper et aller à la pêche cet été. Ton ami, Thomas, qui n'a jamais campé, va venir avec vous. Il a des idées bizarres. Lis chaque phrase et indique si la phrase est logique **(L)** ou illogique **(I)**.

_____ 1. J'espère qu'on va se promener dans la rivière.

_____ 2. Il va y avoir beaucoup de mouches, je dois penser à prendre ma crème solaire.

_____ 3. Quand on se promène dans les bois, on doit toujours suivre les sentiers.

_____ 4. Pour me rappeler *(remind)* de mon voyage, je vais collectionner des fleurs et des arbres.

_____ 5. Pour attraper un poisson, on peut utiliser des fleurs pour amorcer *(to bait)* l'hameçon *(hook).*

_____ 6. Les flamants roses et les pélicans habitent dans la forêt comme tous les autres oiseaux, n'est-ce pas?

_____ 7. Je sais qu'une araignée fait une toile.

79

16 Tu es en train de pêcher et tu entends des morceaux *(pieces)* de conversations des personnes autour de *(around)* toi. Complète chaque conversation avec les mots de la boîte qui conviennent.

bientôt	**prochain(e)**	**tout à l'heure**
après-demain	**la prochaine fois**	**demain**

le garçon Alors, Papa, ça fait deux heures qu'on pêche et je n'ai rien attrapé.

le père Du calme, mon petit. Tu vas (1) _____ attraper quelque chose.

la femme Tu vois, on est arrivés trop tard. Il y a déjà trop de gens et on ne va jamais attraper de poissons.

le mari Tu as raison ma chérie. (2) _____ on doit se lever plus tôt.

le copain Aller à la pêche! Comme ça m'ennuie!

la copine Moi, j'adore! Tiens, (3) _____ on pourra aller se baigner dans le lac si tu veux.

un touriste Voyons, selon l'itinéraire, aujourd'hui on va à la pêche et (4) _____ on fait une randonnée dans les bois.

le guide Oui, et (5) _____ on va visiter l'île de Gorée.

un touriste L'île de Gorée? Cool! Je reviens ici l'année (6) _____!

17 Ton père et toi, vous allez faire du camping et aller à la pêche. Tu n'as jamais fait ces activités. Écris une lettre à ton(ta) correspondant(e) et dis-lui ce que tu vas prendre, ce que tu vas faire et ce que tu vas voir.

_____

_____

_____

_____

_____

_____

_____

18 Ton ami Amadou et toi, vous allez visiter un parc naturel et vous allez faire des photos. Vous vous posez beaucoup de questions sur ce que vous allez voir. Choisis la question appropriée pour chaque réponse.

> **Je me demande si on va voir des lézards et des tortues.**
>
> **Tu crois qu'on va pouvoir observer des oiseaux?**
>
> **Est-ce qu'il va y avoir beaucoup d'insectes?**
>
> **Est-ce que tu sais s'il y a des serpents?**

1. _____

   Je suppose qu'il va y avoir des moustiques et des mouches.

2. _____

   On m'a dit qu'il y a des pélicans et des flamants roses.

3. _____

   Oui, il y en a toujours dans les régions sauvages *(wilderness)*.

4. _____

   Je sais qu'il va y avoir des iguanes, mais des tortues je n'en sais rien.

19 Ta petite sœur n'est jamais allée camper et elle va camper ce week-end avec une amie. Écris une conversation où elle te demande ce qu'il faut faire et ce qu'elle va voir. Réponds à ses questions.

> **MODÈLE Ta sœur   Je me demande si on va faire un feu de camp.**
> **   Toi   D'habitude, quand on campe, il y a un feu de camp.**

Ta sœur _____

Toi _____

Ta sœur _____

Toi _____

Ta sœur _____

Toi _____

Ta sœur _____

Toi _____

Un week-end en plein air

The future

- You use the future tense to tell what *will* happen. For most verbs, you form the future by using the infinitive as the stem and adding the future endings. For any verbs ending in **-re,** drop the final **-e** before adding the endings.

	parler	**finir**	**vendre**
je	parler**ai**	finir**ai**	vendr**ai**
tu	parler**as**	finir**as**	vendr**as**
il/elle/on	parler**a**	finir**a**	vendr**a**
nous	parler**ons**	finir**ons**	vendr**ons**
vous	parler**ez**	finir**ez**	vendr**ez**
ils/elles	parler**ont**	finir**ont**	vendr**ont**

Nous **partirons** en vacances demain.   *We'll leave on vacation tomorrow.*

- Many of the irregular present tense verbs are regular in the future tense.

20 Tes amis et toi, vous allez faire du camping et pêcher. Vous discutez de ce que chaque personne va faire quand vous arriverez. Complète chaque phrase avec le futur des verbes entre parenthèses.

1. Moi, je (j) _____ (allumer) le feu de camp.

2. Malik et Annette _____ (trouver) la lotion anti-moustiques et ils _____ (préparer) les cannes à pêche.

3. Khalil, tu _____ (sortir) la trousse de premiers soins de la voiture et tu _____ (monter) la tente.

4. Annette et moi, nous _____ (mettre) les fauteuils pliants autour du feu et je _____ (sortir) le réchaud.

5. Khalil et Malik, vous _____ (ramasser) *(pick-up)* du bois pour le feu et Malik, tu _____ (ouvrir) des boîtes de conserve pour le dîner.

6. Malik et moi, nous _____ (préparer) le dîner et Annette _____ (préparer) les sacs de couchage.

The future of irregular verbs

- The endings for all verbs in the future tense are the same; however, some verbs have an irregular stem in the future.

aller	ir-	j'ir*ai,* tu ir*as…*
avoir	aur-	j'aur*ai,* tu aur*as…*
devoir	devr-	je devr*ai,* tu devr*as…*
être	ser-	je ser*ai,* tu ser*as…*
faire	fer-	je fer*ai,* tu fer*as…*
pouvoir	pourr-	je pourr*ai,* tu pourr*as…*
venir	viendr-	je viendr*ai,* tu viendr*as…*
voir	verr-	je verr*ai,* tu verr*as…*
vouloir	voudr-	je voudr*ai,* tu voudr*as…*

Je **ferai** un feu de camp   *I'll make a camp fire.*

- Verbs that have spelling changes like **acheter** and **appeler** have spelling changes in all forms of the future.

Tu **achèteras** une nouvelle tente demain?

Nous **appellerons** nos amis ce soir.

21 Complète les phrases suivantes avec le futur des verbes entre parenthèses.

    1. Est-ce que nous _____ *(voir)* des flamants roses dans le parc naturel?

    2. L'été prochain, je _____ *(faire)* un safari en Afrique.

    3. Anne _____ *(être)* surprise quand elle nous _____ *(voir)*.

    4. Est-ce que vous savez si vous _____ *(pouvoir)* sortir ce soir?

    5. Mes grands-parents m'ont dit qu'ils _____ *(venir)* me voir la semaine prochaine.

22 Déchiffre les phrases suivantes et mets les verbes appropriés au futur.

    1. vouloir / Marguerite / aller à la pêche / après-demain

    _____

    2. quand / on / on / au terrain de camping / arriver / devoir / monter la tente

    _____

    3. tu / appeler / est-ce que / ta copine / ce soir

    _____

The verb *courir*

• The verb **courir** is an irregular verb. Here are the present tense forms of **courir**:

je **cours**	nous **courons**
tu **cours**	vous **courez**
il/elle/on **court**	ils/elles **courent**

• The past participle of **courir** is **couru**. **Courir** uses **avoir** as its helping verb in the **passé composé**.

> Nous **avons couru** deux kilomètres ce matin.

• The future stem for **courir** is **courr-**.

> Est-ce que **tu courras** avec moi demain matin?

23 Complète les phrases suivantes avec les formes correctes du verbe **courir**.

1. Hier matin, je (j') _____ un kilomètre, ce matin je _____ un kilomètre et demi et demain, Luc et moi, nous _____ deux kilomètres.

2. Jérôme et Serge, vous _____ tous les jours pour vous entraîner?

3. Tran et Thuy ne _____ pas avec nous demain; ils sont malades.

4. Un jour, Marc _____ deux kilomètres parce qu'un chien lui _____ après!

5. Quand tu seras en vacances, est-ce que tu _____ sur le sentier autour du lac?

24 Comment est-ce que tu imagines ta vie dans le futur? Écris une description de ta vie dans cinq ans, dans dix ans, et dans vingt ans. Utilise le futur autant que possible.

Quand j'aurai vingt ans, je _____

_____

_____

_____

_____

_____

_____

_____

_____

Es-tu en forme?

1 Ton petit frère a une interro demain au sujet des parties du corps. Tu essaies de l'aider à étudier. Lis chaque phrase et devine la partie du corps qu'on décrit.

les poumons	**le cou**	**le doigt**
la cheville	**le poignet**	**le cerveau**

1. C'est la partie du corps entre le pied et le genou. _____

2. C'est la partie du corps entre le coude *(elbow)* et la main. _____

3. C'est la partie du corps entre la tête et les épaules. _____

4. C'est la partie du corps qui t'aide à respirer. _____

5. C'est la partie du corps qui t'aide à penser. _____

6. On utilise cette partie du corps pour taper sur un clavier. _____

2 Choisis le mot qui ne correspond pas aux autres.

_____ 1. a. l'estomac
   b. le cœur
   c. les poumons
   d. le front

_____ 2. a. la joue
   b. le doigt de pied
   c. la lèvre
   d. l'œil

_____ 3. a. l'épaule
   b. le genou
   c. le doigt
   d. le poignet

_____ 4. a. le cerveau
   b. l'estomac
   c. les poumons
   d. le cœur

_____ 5. a. la cheville
   b. le genou
   c. le poignet
   d. l'os

_____ 6. a. le muscle
   b. le médecin
   c. la dentiste
   d. l'infirmière

85

Cahier de vocabulaire et grammaire

VOCABULAIRE 1   CHAPITRE **8**

3 Paul te parle de toutes les blessures *(injuries)* que sa famille a eues récemment. Regarde chaque dessin, puis complète la phrase qui correspond avec un verbe de la boîte. Mets le verbe au temps approprié.

se couper	se casser la jambe	se fouler la cheville	se brûler

      1.   2.   3.   4.

1. Hier, en courant, Marine _____

2. Lucas est tombé en faisant du ski et il _____

3. Hier soir, Guillaume repassait *(ironing)* sa chemise et il _____

4. Papa préparait le dîner et il _____ avec le couteau.

4 Ton amie, Emma, n'a pas bonne mine aujourd'hui. Complète votre conversation avec les mots de la boîte qui conviennent.

malade	as pris la température	ai de la fièvre
tousse	tu as mauvaise mine	éternuer
ai mal dormi	le médecin	ai mal au dos

     Toi   Alors, Emma (1) _____ aujourd'hui.

Emma   Oui, je crois que je suis (2) _____.

              Je crois que j'(3) _____.

     Toi   Ah oui? Est-ce que tu (4) _____?

Emma   Non, pas encore. Je n'ai pas eu le temps parce que je (j')

              (5) _____ trop et je ne peux pas m'arrêter

              d'(6) _____!

     Toi   Est-ce que tu as bien dormi hier soir?

Emma   Pas du tout, je (j') (7) _____ et je (j')

              (8) _____.

     Toi   Il faut aller chez (9) _____, tu as peut-être la

              grippe *(flu)*!

VOCABULAIRE 1   CHAPITRE **8**

5 Les membres de la famille d'Antoine se sentent *(feel)* mal aujourd'hui. Choisis la maladie qui correspond à chacune des suggestions d'Antoine.

_____ 1. Il faut que tu te mouches *(blow your nose)*.

_____ 2. Je te conseille de mettre de la glace *(ice)*.

_____ 3. Il est important que tu le laves bien.

_____ 4. Tu dois manger des biscuits salés *(crackers)*.

a. J'ai mal au cœur.
b. J'ai le nez qui coule.
c. Je me suis coupé le pied.
d. Je me suis foulé le poignet.

6 Tes amis n'ont pas de chance *(luck)* aujourd'hui. Quels conseils est-ce que tu pourrais leur donner dans les circonstances suivantes? Varie tes réponses.

1. Julien s'est coupé la main.

_____

2. Béatrice a mal au cœur.

_____

3. Louis a mal aux dents.

_____

4. Sarah a le nez qui coule.

_____

5. Manon éternue et tousse beaucoup.

_____

7 Imagine que tu as un/une ami(e) qui est toujours malade ou qui se blesse tout le temps. Écris une conversation entre ton ami(e) et toi où il/elle se plaint *(complains)* de trois problèmes et tu lui donnes des conseils.

Ton ami(e) _____

Toi _____

Ton ami(e) _____

Toi _____

Ton ami(e) _____

Toi _____

Ton ami(e) _____

Toi _____

Es-tu en forme?

CHAPITRE **8**

GRAMMAIRE 1

The subjunctive of regular verbs

- Verb tenses like the present tense and the **passé composé** are verbs in the *indicative mood.* There is also another mood that you will use in certain situations: the *subjunctive mood.*
- You will use the subjunctive when using expressions of necessity, like **il faut que** and **il est important que.** The verb that follows these expressions of necessity will be in the subjunctive.

  Il est important que tu te **laves** les mains.

- You form the subjunctive of regular verbs by dropping the **-ent** from the **ils** form of the verb and adding the following endings: **-e, -es, -e, -ions, -iez, -ent.**

	parler **ils parlent**	**finir** **ils finissent**	**vendre** **ils vendent**
que je	parl**e**	finiss**e**	vend**e**
que tu	parl**es**	finiss**es**	vend**es**
qu'il/elle/on	parl**e**	finiss**e**	vend**e**
que nous	parl**ions**	finiss**ions**	vend**ions**
que vous	parl**iez**	finiss**iez**	vend**iez**
qu'ils/elles	parl**ent**	finiss**ent**	vend**ent**

Il faut que nous parlions au médecin.

---

8 Déchiffre les phrases suivantes et mets les verbes au subjonctif.

1. tu / acheter / il faut que / des comprimés d'aspirine / ta / pour / mère

   _____

2. finir / il est nécessaire que / nous / devoirs / nos

   _____

3. il est important que / vous / fruits / tous les jours / manger / des

   _____

4. je / après avoir éternué / il faut que / se laver les mains

   _____

5. il est nécessaire que / se coucher / on / tous les soirs / tôt

   _____

6. Marc et Luc / il est important que / à / parler / l'infirmière

   _____

The subjunctive of irregular verbs

- The subjunctive forms of the verbs below are irregular because they are formed from two different stems. You form the **nous** and **vous** forms with a **nous** stem and the remaining forms with the **ils** stem.

boire	que je **boive**	que nous **buvions**
		que vous **buviez**
devoir	que je **doive**	que nous **devions**
		que vous **deviez**
prendre	que je **prenne**	que nous **prenions**
		que vous **preniez**
venir	que je **vienne**	que nous **venions**
		que vous **veniez**
voir	que je **voie**	que nous **voyions**
		que vous **voyiez**

- All subjunctive forms of the following verbs are irregular.

	aller	**être**	**avoir**	**faire**
que je (j')	**aille**	**sois**	**aie**	**fasse**
que tu	**ailles**	**sois**	**aies**	**fasses**
qu'il/elle/on	**aille**	**soit**	**ait**	**fasse**
que nous	**allions**	**soyons**	**ayons**	**fassions**
que vous	**alliez**	**soyez**	**ayez**	**fassiez**
qu'ils/elles	**aillent**	**soient**	**aient**	**fassent**

9 La mère Bonconseil parle à ses enfants de ce qu'ils doivent faire. Complète chaque phrase avec le subjonctif du verbe entre parenthèses.

1. Audrey, si tu as la grippe, il faut que tu _____ *(aller)* chez le médecin.

2. Kevin et Luc, il est important que vous _____ *(faire)* la vaisselle tout de suite.

3. Luc, dis à tes sœurs que je veux qu'elles _____ *(être)* au lit à 9h00.

4. Audrey, il est important que tu _____ *(boire)* beaucoup d'eau et il faut que je _____ *(prendre)* ta température.

5. Kevin, téléphone à ton père et dis-lui qu'il faut qu'il _____ *(aller)* avec Audrey chez le médecin à 14 heures.

> **More expressions with the subjunctive**
> • You know that the subjunctive should be used after expressions of necessity (**il faut que, il est important que**). Another expression of necessity is **il est nécessaire que.** There are also certain expressions of emotion with which you should use the subjunctive:
>
> > **Je veux que... (Je ne veux pas que...)**
> > **Je suis content(e) que...**
> > **Je suis triste que...**
> > **Il est bon que...**
>
> • You will learn many more uses for the subjunctive in Level 3.

10 Récris chacune des phrases suivantes en utilisant l'expression entre parenthèses. Mets le verbe au subjonctif.

> **MODÈLE** Laure va à l'infirmerie. *(je veux que)*
> **Je veux que Laure aille à l'infirmerie.**

1. Amadou a la grippe. *(je suis triste que)*

   _____

2. Nous allons à la montagne cet été. *(il est bon que)*

   _____

3. Mes amis viennent me voir ce soir. *(je ne veux pas que)*

   _____

4. Vous n'êtes pas malades. *(il est bon que)*

   _____

11 Imagine que tu es infirmier/infirmière dans un lycée et que tu prépares une présentation sur les blessures *(injuries)* et les maladies. Écris au moins six suggestions que tu pourrais donner aux élèves. Utilise le subjonctif.

_____

_____

_____

_____

_____

_____

Es-tu en forme?

12 Pour chaque groupe d'activités, choisis l'activité qu'il ne faut pas faire pour être en bonne santé.

_____ 1. a. se priver de sommeil
         b. faire des pompes
         c. bien se nourrir
         d. se relaxer

_____ 2. a. faire du yoga
         b. manger léger
         c. fumer
         d. prendre des vitamines

_____ 3. a. faire des abdominaux
         b. se reposer
         c. sauter des repas
         d. manger des produits biologiques

_____ 4. a. consommer trop de matières grasses
         b. faire de la musculation
         c. se coucher tôt
         d. avoir un régime équilibré

_____ 5. a. faire de l'exercice
         b. se peser régulièrement
         c. se réveiller de bonne heure
         d. prendre trop de poids

13 Florian, le meilleur ami de Karl, est très gentil, mais il est aussi un peu paresseux *(lazy)* et il n'est pas en bonne santé. Utilise les mots de la boîte pour compléter leur conversation avec des conseils appropriés.

manger	**sauter des repas**	**léger**
matières grasses	**faire des pompes**	**fumer**

Florian   Tu fais toujours de l'exercice. Moi, je n'aime pas ça.

Karl   Alors, il faut au moins (1) _____.

Florian   Peut-être... tiens, j'ai faim. Je vais manger un hamburger et des frites.

Karl   Tu vois, il faut (2) _____ plus (3) _____. Il me

         semble que tu consommes trop de (4) _____.

Florian   Tu as raison. Je ne vais pas manger. Bon, tu as une cigarette?

Karl   Tu ne dois pas (5) _____ non plus. Tu dois aussi

         arrêter de (6) _____.

14 Moustafa et Mohamed sont jumeaux *(twins)*, mais ils sont l'opposé l'un de l'autre. Pour chaque description, écris une phrase qui décrit l'autre jumeau.

MODÈLE Moustafa aime faire de la musculation.
Mohamed préfère faire du yoga.

1. Mohamed essaie de manger léger.

   _____

2. Moustafa aime se relaxer chaque après-midi.

   _____

3. Mohamed préfère se coucher de bonne heure.

   _____

4. Moustafa essaie de perdre du poids.

   _____

5. Mohamed se pèse une fois par semaine.

   _____

15 Ton amie Émilie se plaint toujours. Donne-lui des conseils.

_____ 1. J'ai grossi.

_____ 2. Je suis au régime.

_____ 3. Je suis stressée.

_____ 4. Je suis fatiguée.

_____ 5. J'ai mal partout.

a	Tu n'as qu'à te coucher de bonne heure.
b.	Tu devrais avoir un régime équilibré.
c.	Pourquoi tu ne prendrais pas de comprimés?
d.	Tu ferais bien de mieux te nourrir.
e.	Il faudrait que tu te reposes.

16 Tu viens de recevoir un e-mail de ton ami. Il se plaint qu'il perd du poids, qu'il a mal partout, qu'il est très stressé et qu'il est fatigué. Réponds à son e-mail en lui donnant des conseils.

_____

_____

_____

_____

_____

_____

17 Naguib téléphone à son copain Rachid pour lui parler de ses problèmes. Tu peux entendre ce que Naguib dit, mais tu n'entends pas les réponses de Rachid. Pour chaque problème de Naguib, choisis la réponse probable de Rachid.

> **Ne t'en fais pas! Ce n'est qu'une seule note.**
>
> **Relaxe! Tu t'inquiètes *(worry)* trop!**
>
> **Mon pauvre, qu'est-ce que tu as?**
>
> **Ce n'est pas grave. Rappelle-toi que la semaine dernière, tu as perdu du poids.**
>
> **Ça va aller mieux. Tu n'as qu'à te reposer ce soir.**

Naguib Allô, Rachid? C'est moi, Naguib. J'ai eu une journée horrible!

Rachid (1) _____

Naguib Je suis très stressé parce que j'ai raté mon interro.

Rachid (2) _____

Naguib Et ce matin quand je me suis pesé, j'ai vu que j'avais grossi.

Rachid (3) _____

Naguib Je suis si fatigué. Je me suis couché à minuit parce qu'il fallait que j'étudie.

Rachid (4) _____

Naguib Oui, mais j'ai une interro lundi et je dois commencer un régime.

Rachid (5) _____

18 Tes amis ont passé une mauvaise semaine. Lis chaque phrase, puis compatis *(sympathize)* avec chaque personne et donne-lui des conseils. Varie tes réponses.

MODÈLE Hakim s'est coupé le doigt.
             Je te plains. Il faut que tu mettes du désinfectant.

1. Mahmoud s'est foulé le poignet en faisant de la musculation.

   _____

2. Léa tousse et éternue beaucoup parce qu'elle a des allergies.

   _____

3. Jérôme est fatigué parce qu'il a travaillé jusqu'à minuit hier soir.

   _____

4. Séverine a raté sa troisième interro d'anglais.

   _____

The conditional
- You use the conditional (**le conditionnel**) to say what *would* happen under certain circumstances. Just like the future tense, the conditional uses the infinitive as its stem. The endings for the conditional are the same as those with the **imparfait.** You drop the final **-e** off of **-re** verbs before adding the endings.

	parler	**finir**	**vendre**
je	parler**ais**	finir**ais**	vendr**ais**
tu	parler**ais**	finir**ais**	vendr**ais**
il/elle/on	parler**ait**	finir**ait**	vendr**ait**
nous	parler**ions**	finir**ions**	vendr**ions**
vous	parler**iez**	finir**iez**	vendr**iez**
ils/elles	parler**aient**	finir**aient**	vendr**aient**

- The verbs that have irregular stems and spelling changes in the future tense use the same stems in the conditional.

aller: ir- ⟶ j'**irais**…   **pouvoir: pourr-** ⟶ je **pourrais**…

avoir: aur- ⟶ j'**aurais**…   **savoir: saur-** ⟶ je **saurais**…

devoir: devr- ⟶ je **devrais**…   **venir: viendr-** ⟶ je **viendrais**…

être: ser- ⟶ je **serais**…   **voir: verr-** ⟶ je **verrais**…

faire: fer- ⟶ je **ferais**…   **vouloir: voudr-** ⟶ je **voudrais**…

19 Tu parles de ce que tes amis et toi feriez si vous vouliez être en meilleure santé. Complète les phrases suivantes avec le conditionnel des verbes entre parenthèses.

1. Marielle _____ *(se laver)* les mains chaque fois qu'elle éternue.

2. Sébastien et moi, nous ne _____ *(fumer)* pas.

3. Angèle et Loïc, vous _____ *(faire)* des pompes et des abdominaux chaque matin.

4. Je ne _____ *(consommer)* pas autant de matières grasses et je (j') _____ *(avoir)* un régime plus équilibré.

5. Pauline, tu ne _____ *(sauter)* pas de repas et tu _____ *(aller)* chez le docteur plus régulièrement.

6. Je _____ *(faire)* plus de sport.

   J'_____ *(aller)* nager tous les jours.

GRAMMAIRE 2 CHAPITRE **8**

> ### *Si* clauses
>
> • To say what someone *would* do under different circumstances, you can use two clauses: an "if" clause and a "result" clause. The "if" clause will begin with **"si"** and the verb will be in the **imparfait.** The verb in the "result" clause will be in the conditional.
>
> **Si nous voulions être en bonne santé, nous mangerions mieux.**
> *If we wanted to be in better health, we would eat better.*
> **Paul ferait de l'exercice s'il voulait perdre du poids.**
> *Paul would exercise if he wanted to lose weight.*
>
> • The expression **si + on + imparfait** can also be used to invite someone to do something.
>
> **Si on faisait du yoga cet après-midi?**
> *How about doing yoga this afternoon?*

20 Choisis la forme du verbe qui convient pour compléter chaque phrase.

_____ 1. Si Julien évitait les matières grasses, il _____ du poids.

       a. perdait   b. perdrait   c. perdrais

_____ 2. Si on _____ un peu ce soir?

       a. se reposait   b. se reposerait   c. se reposais

_____ 3. Je ne _____ pas autant si je ne _____ pas.

       a. toussais/fumerais   b. tousserais/fumerais   c. tousserais/fumais

_____ 4. Si tu te couchais plus tôt, tu ne _____ pas si fatigué.

       a. serais   b. serait   c. étais

_____ 5. Ava _____ du yoga si elle _____ être moins stressée.

       a. ferait/voulait   b. fera/voulait   c. ferait/voudrait

21 Déchiffre les phrases suivantes et mets les verbes au conditionnel ou à l'imparfait quand nécessaire.

1. nous / en vacances / aller / si / vouloir / nous / réserver / une chambre d'hôtel

_____

2. si / faire de la musculation / samedi / on

_____

3. si / éternuer / vous / prendre / moins / vous / vos médicaments

_____

The conditional to make polite requests

You can use the conditional tense to make a request or an offer sound more polite.

Pourriez-vous m'aider, monsieur?

Could you help me, sir?

Est-ce que tu aimerais faire de l'exercice avec moi?

Would you like to exercise with me?

---

22 Pour chaque phrase, choisis le verbe logique, puis complète chaque phrase en utilisant le conditionnel.

manger	pouvoir	devoir
aller	faire	vouloir

1. Laurent, est-ce que tu _____ éviter de fumer en présence des enfants?

2. M. Rainier, est-ce que vous _____ m'aider avec cette expérience?

3. _____-nous du yoga ce matin?

4. Est-ce que tu penses qu'Émilie _____ aller au café ce soir?

5. Antoine et Romain _____-ils au restaurant avec nous?

23 Tu veux être en bonne santé, mais tu voudrais que ta famille et tes amis soient en bonne santé aussi. Fais une suggestion ou pose une question à chaque personne ou groupe selon les indices entre parenthèses. Mets les verbes au conditionnel.

MODÈLE ta mère et toi *(manger les produits bios)*

Maman, pourrions-nous manger plus de produits bios?

1. tes parents *(ne pas fumer)*

   _____

2. ton ami Hakim *(avoir un régime équilibré)*

   _____

3. tes cousines Ingrid et Chloé *(faire des pompes et des abdominaux)*

   _____

4. ton prof Mme Grisaille *(ne pas sauter de repas)*

   _____

On s'amuse

1 Anna et ses amis discutent de leurs films préférés. D'abord, déchiffre les genres de film, puis choisis la lettre du genre qui correspond au(x) film(s) préféré(s) de chaque personne.

a. un film trevund'esa _____	**b. un film rode'hurr** _____
c. un film pianoden'ges _____	**d. un film quelsaics** _____
e. un film reedruge _____	**f. un film grantrée** _____

_____ 1. Anna préfère les films en noir et blanc comme *Casablanca*.

_____ 2. Le film préféré d'Hugo est un film italien, *Cinema Paradiso*.

_____ 3. Maxime aime les films de James Bond.

_____ 4. Le film préféré de Juliette est *Pirates des Caraïbes*.

_____ 5. Jean-Luc aime les films où il y a beaucoup de batailles *(battles)*.

_____ 6. Louise aime les films qui ont des monstres et d'autres choses effrayantes *(scary)*.

2 Romain et Alice parlent d'un film qu'Alice a vu le week-end passé. Romain voudrait connaître certains détails du film. Complète leur conversation avec les mots de la boîte qui conviennent.

l'acteur	**l'histoire**	**personnage principal**
drame	**sous-titres**	**version originale**

Romain Dis Alice, tu es allée au ciné samedi?

Alice Oui, j'ai vu un film excellent qui s'appelle *Une Vie extraordinaire*.

Romain C'est un _____, ça?

Alice Oui, c'est _____ d'un homme qui a un cancer au cerveau, mais il peut interpréter les rêves.

Romain Qui joue le rôle du _____ dans ce film?

Alice Je crois que _____ s'appelle Christopher Moth.

Romain Et alors, c'est la _____?

Alice Oui, c'est un film anglais, mais il y a des _____ français.

Romain Chouette! Je vais aller le voir ce week-end avec ma copine.

97

VOCABULAIRE 1   CHAPITRE **9**

3 Tu travailles au CDI de ton lycée et il faut que tu remettes les livres suivants sur les étagères. D'abord, tu dois les classer par genres. Selon le titre de chaque livre, choisis la lettre du genre approprié.

_____ 1. *Feuilles d'herbes* de Walt Whitman

_____ 2. *Roméo et Juliette* de William Shakespeare

_____ 3. *La vie de Charlotte Brontë* d'Elizabeth Gaskell

_____ 4. *Notre Dame de Paris* de Victor Hugo

_____ 5. *Harry Potter®* de J.K. Rowling

_____ 6. *Jane Eyre* de Charlotte Brontë

> a. un roman d'amour
> b. un roman classique
> c. une pièce de théâtre
> d. un recueil de poésie
> e. une biographie
> f. un roman fantastique

4 Tu viens de finir le roman *Le Tour du monde en 80 jours*. Ton amie Véronique vient de voir le film et vous en discutez. Complète votre conversation avec les phrases logiques de la boîte et selon les indices entre parenthèses.

> **Oui, mais c'est aussi trop long.**
>
> **C'est pas mal, sans plus.**
>
> **C'est un film amusant, mais c'est pas génial.**
>
> **Pas du tout. Ça n'a rien à voir avec le roman.**
>
> **Oui, il y a plein de rebondissements.**

MODÈLE   **Toi**   C'était bien le film *Le Tour du monde en 80 jours?*
                 Véronique   *(=)* **C'était pas mal, sans plus.**

Toi   Est-ce qu'il y a beaucoup de suspense?

Véronique   (1)*(+)* _____

Toi   Alors, tu dirais que c'est une histoire passionnante?

Véronique   (2)*(-)* _____

Toi   Est-ce que tu dirais que c'est une bonne adaptation du roman?

Véronique   (3)*(-)* _____

Toi   Donc, tu ne t'es pas bien amusée?

Véronique   (4)*(=)* _____

5 Écris une lettre à ton correspondant. Tu lui parles d'un film que tu as vu ou d'un roman que tu as lu récemment.

_____

_____

_____

_____

_____

_____

6 Ta petite sœur parle à ta grand-mère au téléphone. Elle lui parle d'un roman qu'elle a lu. Selon les réponses suivantes, choisis la question que ta grand-mère a posée.

_____ 1. Je viens de finir le dernier de J.K. Rowling.

_____ 2. C'est l'histoire d'un jeune homme qui est étudiant à une école de magie.

_____ 3. Oui Mémé, il y a plein de rebondissements.

_____ 4. Oui, mais ça n'a rien à voir avec le roman.

> a. Alors, c'est une histoire passionnante?
> b. Qu'est-ce que tu as lu d'intéressant récemment?
> c. On a fait un film de ça, non?
> d. De quoi ça parle?

7 Léa et toi, vous voudriez aller au ciné ce soir, mais vous devez décider de ce que vous voulez voir. Complète votre conversation avec des réponses logiques.

Léa Qu'est-ce qu'on joue au cinéma cette semaine?

Toi (1)_____

Léa Ça passe où?

Toi (2)_____

Léa C'est avec qui?

Toi (3)_____

Léa Qu'est-ce que ça raconte?

Toi (4)_____

On s'amuse

The relative pronouns *qui, que,* and *dont*

• **Qui** and **que** are used to refer to someone or to something mentioned in the main clause.

> Le film **qui** passe au cinéma en ce moment est génial.
> Le livre **que** je viens de lire est nul.

• **Qui** is the subject of the clause.

• **Que** is the object of the clause.
If the **passé composé** follows **que,** the past participle will agree with the noun **que** represents.

> La fille **que j'ai vue** était la cousine de Marine.

• **Dont** *(whose* or *of which)* is used when **de** introduces a phrase that modifies another noun.

> Voilà le livre **dont** je t'ai parlé hier.

---

8 Complète chaque phrase avec **qui, que** ou **dont.**

1. Est-ce que tu as vu le film de Steven Spielberg _____ je t'ai parlé la semaine dernière?

2. L'acteur _____ joue le rôle de Tristan est vraiment mauvais.

3. Le DVD _____ j'ai acheté hier est rayé *(scratched)*.

4. *La Tempête* de Shakespeare est la meilleure pièce de théâtre (play) _____ j'ai jamais vue.

5. Ce film est l'adaptation d'un roman _____ est nul.

6. La dernière adaptation de ce roman _____ a été faite est très bonne.

9 Quel est le dernier film que tu as vu ou le dernier roman que tu as lu? Résume-le. Utilise **qui, que** et **dont** dans tes phrases.

_____

_____

_____

_____

_____

_____

_____

_____

GRAMMAIRE 1   CHAPITRE **9**

The present participle

- To form the present participle, remove the **-ons** from the nous form of the verb and add the ending **-ant.**

  aimer → nous aim**ons** → aim**ant**

- Some irregular present participles are:

  être → **étant**

  avoir → **ayant**

  savoir → **sachant**

- Use the present participle to tell that someone is doing something while doing something else. Use **en** or **tout en.**

  Je mange **tout en regardant** la télé.

- You can also use the present participle as an adjective. It follows the same rules as any other adjective.

  Ce sont des histoires **passionnantes**.

---

10 Complète les phrases avec le **participe présent** des verbes entre parenthèses.

1. J'écoute toujours de la musique en _____ (faire) mes devoirs.

2. Est-ce que tu téléphones tout en _____ (manger)?

3. Ce livre est très _____ (intéresser). Tu devrais le lire.

4. J'apprends le français en _____ (écouter) des CD.

5. Je l'ai rencontré en _____ (aller) à la librairie.

6. Les cours de ce professeur d'histoire sont _____ (passionner).

11 Change les phrases suivantes de façon à utiliser un **participe présent.**

MODÈLE Les personnes qui veulent voir ce film doivent attendre devant le cinéma.
Les personnes **voulant** voir ce film doivent attendre devant le cinéma.

1. Si tu regardes des films en français, tu feras des progrès en français.

   _____

2. Si tu lis ce livre, tu apprendras beaucoup de choses sur la vie de Mark Twain.

   _____

3. C'est un livre de français qui a toutes les conjugaisons des verbes.

   _____

4. Les films qui passent dans ce cinéma commencent tous à 8 heures.

   _____

C'est vs. il/elle est

- **C'est** and **ce sont** are used with a *noun* to *identify* who or what something or someone is. You can also use **c'est** with adjectives to describe something general.

  C'est un roman historique.

  Aller au ciné? **C'est** ennuyeux.

- In general, however, if there is no identifying noun, you should use **il/elle est** or **ils/elles sont.**

  Le film *Schindler's List?* **Il est** trop déprimant!

- When you talk about someone's profession or nationality, you can use either **c'est** or **il/elle est.** When using **il/elle est,** don't use an article and don't capitalize the nationality. However, when you use **c'est,** you should use an article and capitalize the nationality.

  Elle est infirmière.　　　C'est une infirmière.

  Il est américain.　　　　C'est un Américain.

---

12 Choisis l'expression correcte pour compléter chaque phrase.

1. Regarder une pièce de théâtre? (Il est/C'est) génial!

2. Est-ce que tu as vu *Les Misérables?* (Elle est/C'est) une comédie musicale qui se passe à Paris.

3. (Elle est/C'est) l'histoire d'une fille qui tombe amoureuse *(in love)* d'un soldat.

4. La fille, (elle est/c'est) très jeune.

5. (Il est/C'est) un bon film mais (il est/c'est) trop déprimant.

13 Décris ton film préféré ou une pièce de théâtre que tu aimes. Tu dois raconter brièvement *(briefly)* l'histoire, décrire les personnages principaux et donner les noms des acteurs et actrices.

_____

_____

_____

_____

_____

On s'amuse

14 Choisis le mot qui ne correspond pas aux autres.

_____ 1. a. un reportage sportif
          b. les informations
          c. le bulletin météo
          d. le sitcom

_____ 2. a. la télévision
          b. la présentatrice
          c. le son
          d. la télécommande

_____ 3. a. un présentateur
          b. un jeu
          c. un documentaire
          d. une émission de variétés

_____ 4. a. un programme télé
          b. une émission
          c. un animateur
          d. une chaîne

_____ 5. a. un présentateur
          b. un spot publicitaire
          c. une animatrice
          d. une vedette

_____ 6. a. une série
          b. un animateur
          c. un vidéoclip
          d. une animatrice

15 Guillaume aime beaucoup regarder la télé. Choisis l'émission qu'il devrait regarder pour les choses suivantes.

un feuilleton	**des spots publicitaires**	**le bulletin météo**
une émission de variétés	**un reportage sportif**	**les informations**

1. Il veut savoir s'il va pleuvoir demain. _____

2. Il veut savoir qui a gagné le match de foot. _____

3. Il veut voir des produits à acheter. _____

4. Il veut savoir ce qui s'est passé dans le monde. _____

5. Il veut voir des gens qui chantent et qui dansent. _____

6. Il veut regarder une émission dont l'histoire continue de semaine en semaine.

_____

16 Tes amis et toi, vous aimez beaucoup la musique. Vous parlez de vos vacances de l'été dernier et de la musique que vous avez écoutée. Choisis le genre de musique qu'on associe *(associates)* à chaque endroit.

_____ 1. Moi, j'ai visité la Nouvelle-Orléans.

_____ 2. Pierre est allé à St. Louis.

_____ 3. Anne a visité la Jamaïque *(Jamaica)*.

_____ 4. Hugo a rendu visite à ses cousins à Nashville.

_____ 5. Janine est allée à New York.

a. le rap
b. le blues
c. le jazz
d. la country
e. le reggae

17 Xavier et Juliette parlent de leurs émissions de télé préférées. Complète leur conversation avec les mots appropriés de la boîte.

documentaires	tu as vu	ce que je préfère
tu as suivi	qu'est-ce que tu aimes	celui avec
ne rate jamais	quel sitcom	je déteste

Xavier Dis Juliette, (1)_____ regarder à la télé?

Juliette (2)_____, c'est les (3)_____.

Xavier (4)_____ l'émission sur les singes d'Afrique?

Juliette Oui, je (5)_____ les émissions sur l'Afrique.

Xavier (6)_____ la Coupe du Monde?

Juliette Non, (7)_____ regarder le football à la télé.

Xavier (8)_____ est-ce que tu préfères?

Juliette (9)_____ l'homme qui est vraiment un extra-terrestre *(alien)*.

18 Écris une note à ton(ta) correspondant(e) dans laquelle tu décris les émissions que tu préfères et celles *(those)* que tu n'aimes pas regarder.

_____
_____
_____
_____
_____

19 Tu viens de recevoir la lettre suivante de ton amie, Thuy, qui rend visite à sa grand-mère aux États-Unis. Elle te recommande des émissions de télé américaines. Complète sa lettre avec des mots logiques.

ne m'a pas emballé	**le meilleur vidéoclip**	**ennuyeux**
à ne pas manquer	**recommande**	**ne vaut vraiment pas le coup**

vendredi le 16 juin 2006

Salut!

Ce soir j'ai regardé le feuilleton Without a Trace. C'est super! Je te le

(1)_____. J'ai aussi regardé un sitcom . C'est

(2)_____ à mourir! Hier soir, on a regardé American Idol®. Je

dois dire que ce programme (3)_____. On a une

bonne chaîne de musique ici. Hier, j'ai vu le dernier vidéoclip de U2.

C'est (4)_____ que j'aie jamais vu! J'ai vu aussi le

dernier de Madonna. Ce vidéoclip (5)_____. Alors,

c'est tout pour maintenant. CSI commence bientôt et c'est une série

(6)_____!

À plus tard,

Thuy

20 Julien essaie de recommander des émissions à son amie Karine, mais son autre ami, Tran, contredit *(contradicts)* chacune de ses recommandations. Complète leur conversation avec les réponses de Tran.

Julien *La Roue de la fortune*® est un programme à ne pas manquer.

Tran _____

Julien *Baseball* de Ken Burns, c'est le meilleur documentaire que j'aie jamais vu!

Tran _____

Julien Qu'est-ce qu'il est bien, le feuilleton *Urgences*!

Tran _____

Julien Je te recommande *Le Sport ce soir* comme reportage sportif.

Tran _____

On s'amuse

The interrogative pronoun

The interrogative pronoun **lequel** *(which one (s))* is used to ask a question that refers back to someone or something previously named. The interrogative pronoun will agree in gender and number with the noun previously named.

	Masculine	Feminine
Singular	**lequel**	**laquelle**
Plural	**lesquels**	**lesquelles**

J'aime **la pop** et **la techno. Laquelle** est-ce que tu préfères?

---

21 Pour chaque phrase, choisis la forme correcte de **lequel** qu'on pourrait utiliser pour faire référence au nom souligné.

MODÈLE ___c___ Je voudrais regarder le sitcom qui commence à 8h.

      a. laquelle   b. lesquels   c. lequel

_____ 1. Charlotte n'aime pas du tout cette série.

      a. lequel   b. laquelle   c. lesquelles

_____ 2. Romain et Antonin adorent regarder les reportages sportifs.

      a. lesquelles   b. laquelle   c. lesquels

_____ 3. Ce feuilleton est ennuyeux à mourir!

      a. laquelle   b. lequel   c. lesquelles

_____ 4. Est-ce que tu aimes regarder les émissions de variétés?

      a. lesquels   b. laquelle   c. lesquelles

_____ 5. Alex déteste ce vidéoclip-ci.

      a. lequel   b. laquelle   c. lesquelles

22 Marine te pose des questions générales au sujet des programmes que tu regardes à la télé. Réponds à chaque question avec un pronom approprié pour lui demander d'être plus spécifique.

1. Est-ce que tu as vu cette bonne série la semaine dernière? _____

2. Est-ce que tu regardes les sitcoms sur la chaîne 4? _____

3. Tu voudrais regarder une émission de variétés avec moi? _____

4. Qu'est-ce qu'elle est bien cette pub! _____

5. Est-ce que tu as vu le dernier sitcom de Jerry Seinfeld? _____

GRAMMAIRE 2   CHAPITRE **9**

The demonstrative pronoun *celui*

• The demonstrative pronoun **celui** *(this one, that one, these, those),* is used to ask a
question that refers back to someone or something previously named.

• The demonstrative pronoun will agree in gender and number with the noun
previously named.

	Masculine	Feminine
Singular	**celui**	**celle**
Plural	**ceux**	**celles**

• To distinguish between this one and that one, you can add **-ci** and **-là** to the end of
the pronoun.

> Il y a **un jeu** et **une série** à la télé ce soir. J'aime bien **celui-ci,** mais
> **celle-là** ne vaut vraiment pas le coup.
> *There is a game show and a series on TV tonight. I really like this*
> *one (the game show), but that one (the series) is not worth*
> *the time.*

---

23 Amélie fait un sondage pour le journal de son lycée et elle interviewe son amie
Caroline. Pour chaque question, choisis la réponse de la boîte qui est la plus
logique. Attention aux pronoms démonstratifs.

_____ 1. Quels sont tes vidéoclips préférés?

_____ 2. Quel est ton jeu favori?

_____ 3. Quelles informations aimes-tu
regarder?

_____ 4. Quelle série est-ce que tu regardes
régulièrement?

> a. Celles avec des
>   présentatrices.
> b. Celle qui passe le mardi à
>   8h sur TV3.
> c. Ceux de Zazi et de Toby
>   Keith.
> d. Celui avec Bob Barker.

24 Maintenant, Amélie te pose des questions pour son sondage. Réponds à chaque
question en utilisant un pronom démonstratif approprié.

1. Qui est ton présentateur préféré? _____

2. Quel bulletin météo aimes-tu regarder? _____

3. Quelle est ta pièce de théâtre préférée? _____

4. Qui est ton animatrice préférée? _____

5. Qui est ta vedette de télé préférée? _____

Holt French 2   **107**   Cahier de vocabulaire et grammaire

On s'amuse

Comparatives and superlatives

- To compare things, you use the following expressions:

plus + *adjective* + **que**	*more . . . than*
aussi + *adjective* + **que**	*as . . . as*
moins + *adjective* + **que**	*less . . . than*

- To say *the least . . .* or *the most . . .*, you use the following expressions:

  le/la/les plus/moins + *adjective* + **de**
  Friends **est** *le plus amusant de* **tous les sitcoms.**

- **Bon** and **mauvais** are irregular:

good	*better*	*the best*
bon(ne)(s)	**meilleur(e)(s)**	**le (la, les) meilleur(e)(s)**
bad	*worse*	*the worst*
mauvais(e)(s) pire(s)		**le (la, les) pire(s)**

---

25 Qu'est-ce que tu penses des choses suivantes? Écris une phrase complète pour comparer chaque paire.

   MODÈLE les films / les pièces de théâtre
   Les films sont moins intéressants que les pièces de théâtre.

   1. les programmes en direct / les émissions enregistrées (recorded)

   _____

   2. les romans fantastiques / les biographies

   _____

   3. les films d'horreur / les romans d'horreur

   _____

   4. les documentaires / les informations

   _____

26 Qu'est-ce que tu préfères? Lire ou regarder la télé? Pourquoi? Utilise des comparatifs et des superlatifs.

   _____

   _____

   _____

   _____

Partons en vacances!

1 Où est-ce qu'on peut faire les activités suivantes. Mets chaque activité sous l'endroit où on peut la faire.

monter au sommet	faire une visite guidée	faire une randonnée
faire de la planche à voile	aller à l'office de tourisme	faire de l'escalade
monter à cheval	descendre dans la vallée	voir un spectacle son et lumière
sortir en bateau	aller à la plage	visiter une ferme

      au bord de la mer   **à la montagne**

_____   _____

_____   _____

_____   _____

_____   _____

            à la campagne   **à la ville**

_____   _____

_____   _____

_____   _____

_____   _____

2 Tu viens de recevoir cet e-mail de ton correspondant Laurent. Il te raconte ses vacances d'été, mais quelques mots sont brouillés *(scrambled)*. Déchiffre chaque mot pour révéler ce qu'il a fait pendant ses vacances.

>   Cet été, nous sommes allés (merlodrabdaue)
> (1)_____ à Nice. Le premier jour, on est allés
> à la eglap (2)_____ et on a fait un (tacheuâ)
> (3)_____ de sable. Ma sœur a fait de la
> (evolchaplàine) (4)_____. Je n'ai pas pu
> sortir en (tubaea) (5)_____ parce que j'avais
> oublié mon (vegetausdelegita) (6)_____.
>   Dans (evillal) (7)_____ de Nice, on a
> été à l'office (strideemou) (8)_____ et on a
> fait une (digestiveuié) (9)_____ de Nice.

VOCABULAIRE 1   CHAPITRE **10**

3 Tu lis des annonces pour des correspondants européens. Chaque annonce indique la ville dans laquelle chaque personne habite mais pas son pays.

_____ 1. Axel habite à Copenhague.   a. Norvège

_____ 2. Janne habite à Oslo.   b. Italie

_____ 3. Nigel habite à Liverpool.   c. Grèce

_____ 4. Gonçalo habite à Lisbonne.   d. Portugal

_____ 5. Heinrich habite à Berlin.   e. Belgique

_____ 6. Calista habite à Athènes.   f. Espagne

_____ 7. Antonio habite à Barcelone.   g. Danemark

_____ 8. Françoise habite à Bruxelles.   h. Angleterre

_____ 9. Louis habite à Berne.   i. Allemagne

_____ 10. Marcella habite à Venise.   j. Suisse

4 Tes amis parlent de leurs vacances et des personnes auxquelles ils ont rendu visite. Selon chaque description, détermine la nationalité de la personne à laquelle ils ont rendu visite.

MODÈLE Marie a rendu visite à Luigi à Rome.
          Luigi est italien.

1. Ludovic est allé chez Magdalena à Pampelune. Il a mangé de la paëlla.

   _____

2. Pendant son séjour chez Renate, Olivier a fait une visite guidée de Munich.

   _____

3. Salim a rendu visite à Paolo à Lisbonne. Ils y ont visité le château.

   _____

4. Anne a fait un séjour chez Geoffrey. Il habite à la campagne près de Cambridge.

   _____

5. Khalil est allé chez Francesca à Rome. Ils ont visité le Colisée.

   _____

6. Julie a rendu visite à Helga à Lucerne. Ils ont fait de l'escalade dans les Alpes.

   _____

5 Tu es au café et tu entends des morceaux de conversations autour de toi. Tout le monde parle de ses vacances. Complète chaque mini-conversation avec les expressions qui conviennent.

fais de l'escalade	**ça dépend**
j'y vais	**j'en fais**
je reste chez moi	**ça t'arrive de (d')**
pendant les vacances	**qu'est-ce que tu fais**

homme (1) _____ de beau pendant tes vacances?

garçon (2) _____ la plupart *(mostly)* du temps,

mais je fais aussi beaucoup de sport.

copain Tu (3) _____ quand tu vas à la montagne?

copine Bien sûr, (4) _____ tout le temps.

amie 1 Tu aimes faire quoi (5) _____?

amie 2 (6) _____. J'aime beaucoup faire de la

planche à voile.

garçon 1 (7) _____ aller à la campagne en vacances?

garçon 2 Eh oui, (8) _____ avec ma famille cet été.

6 Tous tes amis partent en vacances mais toi, tu dois rester chez toi et travailler. Écris un paragraphe pour ton journal pour décrire ce que tu ferais si tu pouvais partir en vacances. Tu peux utiliser les mots de la boîte pour t'aider.

je partirais en vacances	**faire le tour du monde**
mon rêve, ce serait de	**... tellement...**

Si je pouvais partir en vacances, je_____

_____

_____

_____

_____

_____

_____

Partons en vacances!

Object pronouns

- You place object pronouns before the verb or infinitive. You place them before the helping verb **(avoir** or **être)** in the **passé composé.**

    Je vais donner **cette lettre** à mon frère.

    Je vais **la** donner à mon frère. Je **l'**ai donnée à mon frère.

    Je vais **lui** donner cette lettre.

- The pronoun **y** replaces prepositional phrases of place or location. The pronoun **en** can replace the partitive (or **de)** + noun, nouns after **un, une,** numbers, and quantity words like **beaucoup.**

    Je vais **aux États-Unis.**   Il a **un passeport?**

    J'y vais.   Il **en** a un.

- For sentences with more than one object pronoun, the pronouns are placed in the following order:

me		le		lui			
te	*before*	la	*before*	leur	*before*	y	*before* en
se		l'					
nous		les					
vous							

---

7 Lis les questions suivantes et écris le pronom ou les pronoms qu'on peut utiliser pour remplacer les parties soulignées.

    1. Es-tu jamais allé <u>en colonie de vacances?</u> _____

    2. Nous allons rendre visite à <u>nos cousins?</u> _____

    3. Tu as envoyé <u>l'itinéraire</u> <u>à Marcel?</u> _____

    4. Tu vas monter <u>au sommet de la montagne?</u> _____

    5. Paul donne <u>le gilet de sauvetage</u> <u>à sa sœur?</u> _____

    6. Tes parents ont visité <u>des châteaux</u> <u>en France?</u> _____

8 Réponds aux questions précédentes selon les indices entre parenthèses. Utilise les pronoms appropriés.

    1. *(non)* _____

    2. *(oui)* _____

    3. *(oui)* _____

    4. *(non)* _____

    5. *(oui)* _____

    6. *(non)* _____

The conditional

- To form the conditional of most verbs, you use the infinitive as the stem and add the same endings as are used to form the **imparfait (-ais, -ais, -ait, -ions, -iez, -aient).** You drop the **-e** from verbs ending in **-re** before adding the endings.

     J'**adorerais** voyager en Espagne.

     Tu **devrais** rendre visite à ta grand-mère.

- The following verbs have irregular stems in the conditional:

être	*ser-*	pouvoir	*pourr-*
aller	*ir-*	savoir	*saur-*
avoir	*aur-*	venir	*viendr-*
devoir	*devr-*	voir	*verr-*
faire	*fer-*	vouloir	*voudr-*

---

9 Tu parles de ce que tes amis et toi feriez si vous aviez beaucoup d'argent et si vous pouviez voyager n'importe où *(anywhere)*. Complète les phrases suivantes avec le conditionnel des verbes entre parenthèses.

1. Manon _____ *(faire)* une visite guidée de toutes les grandes villes d'Europe.

2. Erwan et moi, nous _____ *(aller)* au bord de la mer et nous _____ *(faire)* de la planche à voile tous les jours.

3. Antoine et Lise, vous _____ *(acheter)* une maison à la campagne et vous _____ *(monter)* à cheval chaque matin.

4. Je _____ *(rendre)* visite à chaque membre de ma famille et je _____ *(visiter)* tous les monuments célèbres.

5. Anthony, tu _____ *(aller)* en colonie de vacances et tu _____ *(habiter)* dans ton propre château.

10 Maintenant, décris ce que tu ferais si tu étais très riche et si tu pouvais voyager n'importe où ou faire ce que tu veux pendant tes vacances. Utilise le conditionnel.

_____

_____

_____

_____

_____

_____

Si **clauses**

Si clauses are used in the following situations:

- to make suggestions using **si** + **le présent** in both clauses.

    Si tu veux faire le tour du monde, **tu dois** avoir un passeport.

- to express hopes or wishes, to give advice, or to tell what *would have happened* if the situation were different. In these situations, the verb in the **si** clause will be in the **imparfait** and the verb in the other clause will be in the conditional.

    Si j'étais toi, **j'irais** en Espagne.

    Si tu allais à la montagne, **tu pourrais** faire de l'escalade.

- to make invitations or to say *how about...* by using **si** + **on** + **imparfait**.

    Si on allait en Italie pour les vacances cet été?

---

11 Séverine et ses amis parlent de leurs vacances imaginaires. Écris une réponse logique à chaque question en utilisant les indices entre parenthèses.

> **MODÈLE** Louis, où est-ce que tu irais si tu avais un million de dollars?
> *(Japon)* **Si j'avais un million de dollars, j'irais au Japon.**

1. Johanna ta famille et toi, si vous pouviez aller n'importe où *(wherever),* où est-ce que vous iriez?

    *(Portugal)*_____

2. Si nous pouvions tous aller en Suisse, qu'est-ce que nous ferions?

    (aller dans les Alpes) _____

3. Qu'est-ce que Karl et Aaron feraient s'ils allaient aux États-Unis?

    (visiter New York) _____

4. Nathalie, qu'est-ce que tu ferais si tu pouvais aller en Égypte?

    *(aller voir les pyramides)*_____

12 Pour chacune des situations suivantes, écris une phrase en utilisant **si.** Utilise le temps qui convient dans chaque contexte.

1. Karim veut faire le tour du monde, mais il ne sait pas quoi prendre.

    _____

2. Maya aimerait aller en Russie un jour.

    _____

3. Tu veux aller à la campagne et tu voudrais que François t'accompagne.

    _____

13 Jules voudrait faire un voyage en Égypte, mais il doit faire ses préparatifs. Lis chaque phrase et choisis la lettre du dessin qui correspond.

a.

b.

c.

d.

e.

f.

_____ 1. D'abord, je dois m'informer sur Internet.

_____ 2. Puis, je dois faire ma demande de passeport.

_____ 3. Il faut aussi que je réserve mon billet d'avion.

_____ 4. Avant de partir, je dois me faire vacciner.

_____ 5. Le soir avant mon départ, je dois faire ma valise.

_____ 6. Je ne dois pas oublier de changer de l'argent avant de partir.

14 Ton petit frère va faire son premier grand voyage et tu lui dis ce qu'il faut faire avant de partir. Pour chaque description, choisis l'élément qui correspond.

_____ 1. Tu peux en obtenir dans une agence de voyages.

_____ 2. Tu en as un pour trouver la bonne route.

_____ 3. Ce livre décrit les monuments à visiter.

_____ 4. Ce document décrit les détails du voyage.

_____ 5. Tu vas à la gare pour l'acheter.

_____ 6. Il t'en faut un pour aller à l'étranger.

a. un guide
b. un itinéraire
c. des brochures
d. le billet de train
e. un passeport
f. un plan

15 Marion fait une liste de choses à prendre en vacances. Déchiffre les mots sur sa liste, puis retrouve les mots dans le casse-tête.

1. mes snuttele _____ de soleil

2. ma sourste _____ de toilette

3. des seqèuhc _____ de voyage

4. mon rispem _____ de conduire

5. mon perilapa _____ photo

6. mon casàsod _____

7. mon separspot _____

8. un lupl _____

```
P  À  S  A  C  À  D  O  S  S  À  C  B
A  T  H  I  V  I  S  A  J  È  N  H  É
S  N  A  D  A  R  A  P  E  C  J  È  I
S  Q  À  P  A  S  C  P  U  L  S  Q  S
E  Y  O  T  V  É  À  A  U  L  N  U  B
P  E  R  M  I  S  F  R  J  F  L  E  O
O  U  S  D  L  U  N  E  T  T  E  S  L
R  D  L  Q  A  Z  V  I  D  F  B  O  É
T  R  O  U  S  S  E  L  M  E  R  V  H
```

16 Pendant que Marion fait sa valise, sa sœur, Léa, fait une liste de ce qu'il faut faire avant de partir. Complète chaque phrase avec les mots qui conviennent.

J'ai besoin de (d')	Je dois absolument
Il faut que (qu')	Il ne faut surtout pas

1. _____ oublier de faire nos réservations de billet de train ce soir.

2. _____ trouver notre itinéraire et le mettre dans mon sac à dos.

3. _____ acheter un nouveau guide parce que celui-ci est de 1998.

4. _____ on aille à l'agence de voyages pour passer prendre (*pick up*) nos billets d'avion.

17 Imagine que tu vas faire un voyage au Sénégal et tu ne veux rien oublier. Fais une liste de cinq choses qu'il faut que tu fasses. Varie tes expressions de nécessité.

_____

_____

_____

_____

_____

18 Mélanie va en vacances au Sénégal et Marc lui demande si elle est prête. Choisis la question qui correspond le mieux à chaque réponse de Mélanie.

_____ 1. Non, j'ai encore mal au bras!

_____ 2. Ah non! Tu as bien fait de me le rappeler! On n'aurait pas pu acheter des souvenirs.

_____ 3. Ah, mais si! Je l'ai oublié.

_____ 4. Bien sûr que je les ai déjà faites. Voici les billets!

_____ 5. Évidemment que j'en ai changé. J'ai des billets et des pièces aussi.

> a. Tu n'as pas oublié de te faire vacciner?
> b. Tu as déjà fait tes réservations de billet d'avion?
> c. Tu as bien pensé à prendre des chèques de voyage?
> d. As-tu déjà changé de l'argent?
> e. Tu n'as pas oublié de prendre ton passeport?

19 Ton frère, Valentin, va bientôt partir en vacances et tu lui demandes ce qu'il a déjà préparé. Écris votre conversation. Varie les questions et les réponses.

Toi _____

Valentin _____

Toi _____

Valentin _____

Toi _____

Valentin _____

Toi _____

Valentin _____

Partons en vacances!

The subjunctive

- Remember that the **nous** and **vous** forms of the subjunctive are identical to those in the **imparfait**.

  que nous **vendions**   que vous **parliez**

  For all other forms of the subjunctive, you form the stem by dropping the **-ent** from the **ils** form of the verb. Then you add the endings for the **-er** verbs: **-e, -es, -e, -ent.**

  que je **vende**   que tu **parles**   qu'il **finisse**   qu'ils **vendent**

- The subjunctive is required with expressions of necessity and obligation:

  Il (ne) faut (pas) que...   *It's (not) necessary that . . .*
  Il (n') est pas nécessaire que...   *It's (not) necessary that . . .*
  Il faut que tu **ailles** à l'agence de voyages pour acheter les billets.

---

20 Complète les phrases suivantes avec le subjonctif des verbes entre parenthèses.

1. Il est nécessaire que vous _____ (allez/alliez) acheter un plan.

2. Il ne faut pas que tu nous _____ (attendons/attendes) à l'aéroport.

3. Il faut que nous _____ (parlons/parlions) avec quelqu'un à l'agence de voyages ce matin.

4. Il est nécessaire que je _____ (parte/pars) tôt pour arriver à la gare à l'heure.

5. Est-ce qu'il faut qu'elles _____ (fassent/font) une demande de visa six mois à l'avance *(in advance)?*

6. Il n'est pas nécessaire que Fatima _____ (a/ait) peur de se faire vacciner.

21 La famille Vitaille part en vacances demain et Madame Vitaille a fait une liste des préparatifs à faire. Cependant *(however)*, certaines choses de sa liste ont déjà été faites. Indique si chaque personne doit ou ne doit pas faire l'activité de la liste.

MODÈLE Nicole / faire sa valise *(-)*

    Il ne faut pas (Il n'est pas nécessaire) que Nicole fasse sa valise.

1. Luc et Benjamin / changer de l'argent *(+)*

_____

2. Papa / faire les réservations d'hôtel *(-)*

_____

3. Nous / mettre les valises dans la voiture *(+)*

_____

 Cahier de vocabulaire et grammaire

The *passé composé* and the *imparfait*

When you talk about the past in French, you use the imparfait to tell how things used to be and what people and things were like, to give background information, and to set the scene. You use the passé composé to tell what happened.

Use the **passé composé** to:	Use the **imparfait** to:
• tell what happened on a specific occasion	• say what people, places, and things were generally like
• tell the sequence of events	• set the scene
• talk about a change or reaction to something	• explain the circumstances surrounding an event
• talk about an event that began or ended while something else was going on.	• say what was going on when something else happened

Le jour de notre départ de Paris, il **faisait** mauvais et il **pleuvait.** Quand nous **sommes arrivés** en Italie, il **faisait** très beau. Nous **sommes allés** à Venise et **nous nous sommes** beaucoup **amusés**.

---

22 Mets les verbes entre parenthèses à l'**imparfait** ou au **passé composé.**

1. Il _____ (faire) beau le jour de notre départ en vacances.

2. Ils _____ (se baigner) quand il _____ (commencer) à pleuvoir *(to rain).*

3. Julien _____ (perdre) son passeport pendant qu'il _____ (faire) sa valise.

4. Est-ce que tu _____ (être) dehors *(outside)* quand je (j') _____ (téléphoner)?

5. Je (J') _____ (acheter) un guide quand on _____ (voler) *(stole)* mes chèques de voyage.

23 Récris chacune des phrases suivantes au passé.

1. Khalil et Ahmed font de l'escalade ce matin parce qu'il fait beau.

   _____

2. Le téléphone sonne et je suis en train de partir.

   _____

3. Nous faisons une demande de visa pour la troisième fois ce matin.

   _____

> ### Être en train de
> To tell *what was going* on when *something else happened,* you can use the
> expression **être en train de.** When using this expression in the past tense, it is
> almost always in the **imparfait.**
>
> > Marianne **est en train de** préparer sa valise.
> > Marianne **était en train de** préparer sa valise quand le téléphone a sonné.

24 La famille Malchance était en train de se préparer à partir en vacances quand il y
a eu un grand tremblement de terre *(earthquake)!* Décris ce que ces personnes
faisaient quand c'est arrivé. Utilise **être en train de** et l'imparfait.

1. Maman: faire les valises

   _____

2. Papa et Rodolphe: finir le petit-déjeuner

   _____

3. Louise et moi: faire des réservations d'hôtel

   _____

4. Tu: changer de l'argent

   _____

5. Alexandra et toi: chercher vos passeports

   _____

25 Décris un événement (vrai ou imaginaire): une catastrophe ou un autre
événement important et surprenant. Décris ce que tu faisais quand ça s'est passé.
Utilise **être en train de** si possible et donne des détails.

_____

_____

_____

_____

_____

_____

_____